Smaksrike Skatter

En Langtidskokende Kokebok for Delikate Retter

Emilie Johansen

Sammendrag

Kylling med pasta, saktekoker 22

INGREDIENSER 22

FORBEREDELSE 23

kylling med løk 24

INGREDIENSER 24

FORBEREDELSE 24

Kyllingboller med persille 25

INGREDIENSER 25

FORBEREDELSE 26

Kylling med vårløk og sopp 27

INGREDIENSER 27

FORBEREDELSE 28

Kylling med ananas 29

INGREDIENSER 29

FORBEREDELSE 30

Kylling og risgryte 31

INGREDIENSER 31

FORBEREDELSE 31

Chili Kylling 32

INGREDIENSER 32

FORBEREDELSE 33

Kylling og grønnsaker i kinesisk stil 34

INGREDIENSER 34

FORBEREDELSE 35

Cornish viltkyllinger med ris 36

INGREDIENSER 36

FORBEREDELSE 36

Cornish kyllinger med rosinsaus 37

INGREDIENSER 37

FORBEREDELSE 37

Country Captain Kyllingbryst 39

INGREDIENSER 39

FORBEREDELSE 40

Landkylling og sopp 41

INGREDIENSER 41

FORBEREDELSE 41

Kylling Country Club Club 42

INGREDIENSER 42

FORBEREDELSE 43

Kylling med blåbær 44

INGREDIENSER 44

FORBEREDELSE 44

Kylling med tyttebær II 45

INGREDIENSER 45

FORBEREDELSE 46

Kylling med kremost 47

INGREDIENSER 47

FORBEREDELSE 47

Kremet kylling og artisjokker 49

INGREDIENSER 49

FORBEREDELSE 49

Kremet italiensk kylling 50

INGREDIENSER 50

FORBEREDELSE 51

Kylling kreolsk 52

INGREDIENSER 52

FORBEREDELSE 53

Kreolsk kylling med pølse 54

INGREDIENSER 54

FORBEREDELSE 55

Crock pot kylling og artisjokker 56

INGREDIENSER 56

FORBEREDELSE 57

Kylling i gryte og krydder 58

INGREDIENSER 58

FORBEREDELSE 59

Hot pot kyllingenchilada i leirpotter 60

INGREDIENSER 60

FORBEREDELSE 60

Kyllingenchiladas i en bolle 62

INGREDIENSER 62

FORBEREDELSE 62

Kylling i en tortillarett 63

INGREDIENSER 63

FORBEREDELSE 63

Crockpot cassoulet 65

INGREDIENSER 65

FORBEREDELSE 65

Kylling og urteboller 67

INGREDIENSER 67

FORBEREDELSE 68

kyllinggrill 69

INGREDIENSER 69

FORBEREDELSE 70

kyllinggrill 71

INGREDIENSER 71

FORBEREDELSE 71

Kylling crockpot chili 72

INGREDIENSER 72

FORBEREDELSE 73

Crockpot Chicken Chow Mein 74

INGREDIENSER 74

FORBEREDELSE 75

Crock pot kylling cordon bleu 76

INGREDIENSER 76

FORBEREDELSE 76

Crockpot Kylling Cordon Bleu II 77

INGREDIENSER 77

FORBEREDELSE 78

Crockpot kyllinglår 79

INGREDIENSER 79

FORBEREDELSE 79

10. Variasjoner 80

Crockpot kyllingfrikassé oppskrift 81

INGREDIENSER 81

FORBEREDELSE 82

Crockpot Kylling Reuben gryte 83

INGREDIENSER 83

FORBEREDELSE 84

Kyllinggryte med artisjokker 85

INGREDIENSER 85

FORBEREDELSE 86

Crockpot kylling med dijonsennep 87

INGREDIENSER 87

FORBEREDELSE 87

Kyllinggryte med ris 88

INGREDIENSER 88

FORBEREDELSE 89

Kyllinggryte med tomater 90

INGREDIENSER 90

FORBEREDELSE 90

Crockpot Cola kylling 91

INGREDIENSER 91

FORBEREDELSE 91

Crockpot kylling kreolsk 92

INGREDIENSER 92

FORBEREDELSE 93

Urtekyllinggryte med fyll 94

INGREDIENSER 94

FORBEREDELSE 94

Urtekyllinggryte med fyll 96

INGREDIENSER 96

FORBEREDELSE 97

Italiensk crockpot kylling 98

INGREDIENSER 98

FORBEREDELSE 99

Crock Pot Lima bønner med kylling 100

INGREDIENSER 100

FORBEREDELSE 100

Crockpot Macaroni Cheese Delight 101

INGREDIENSER 101

FORBEREDELSE 101

Debutkylling og fylt gryte 102

INGREDIENSER 102

FORBEREDELSE 102

Diana King kylling 104

INGREDIENSER 104

FORBEREDELSE 104

Kyllingdill med grønnsaker 105

INGREDIENSER 105

FORBEREDELSE 105

Dons søt og sur kylling 106

INGREDIENSER 106

FORBEREDELSE 107

Enkel Slow Cooker ostekylling 108

INGREDIENSER 108

FORBEREDELSE 108

Enkel kylling Cacciatore 109

INGREDIENSER 109

FORBEREDELSE 109

Lett kyllingpastasaus 110

INGREDIENSER 110

FORBEREDELSE 111

Enkel kylling med mandler 112

INGREDIENSER 112

FORBEREDELSE 113

Cassoulet Easy Crockpot 114

INGREDIENSER 114

FORBEREDELSE 115

Enkel Crockpot Chicken Santa Fe av Cindy 116

INGREDIENSER 116

FORBEREDELSE 116

Jeffs lettstekt kylling med saus 117

INGREDIENSER 117

FORBEREDELSE 117

Ananas ingefær kylling 118

INGREDIENSER 118

FORBEREDELSE 118

gresk kylling 119

INGREDIENSER 119

FORBEREDELSE 119

Hawaiian spisepinner 120

INGREDIENSER 120

FORBEREDELSE 120

Urtekylling med grønnsaker 121

INGREDIENSER 121

FORBEREDELSE 122

Urtekylling med villris 123

INGREDIENSER 123

FORBEREDELSE 124

Kylling med honning og ingefær 125

INGREDIENSER 125

FORBEREDELSE 126

Grillet kylling med honning og søtpoteter 127

INGREDIENSER 127

FORBEREDELSE 128

Honning Hoisin kylling 129

INGREDIENSER 129

FORBEREDELSE 130

italiensk kylling 131

INGREDIENSER 131

FORBEREDELSE 131

Italiensk kylling i en gryte 132

INGREDIENSER 132

FORBEREDELSE 133

Italiensk kylling med spaghetti, saktekoker 134

INGREDIENSER 134

FORBEREDELSE 135

Enkel kylling stroganoff 136

INGREDIENSER 136

FORBEREDELSE 137

Lilly's Slow Cooker Kylling med ostesaus 138

INGREDIENSER 138

FORBEREDELSE 138

Meksikansk kyllingbryst 139

INGREDIENSER 139

Valgfrie konturer 139

FORBEREDELSE 140

Pauls kylling med purre 141

INGREDIENSER 141

FORBEREDELSE 141

grillsaus 142

FORBEREDELSE 142

Sherry kylling og dumplings 144

INGREDIENSER 144

FORBEREDELSE 145

Enkel slowcooker-kyllinggrilling 146

INGREDIENSER 146

FORBEREDELSE 146

Slow Cooker Chicken Dijon 147

INGREDIENSER 147

FORBEREDELSE 147

Slow cooker BBQ kylling 148

INGREDIENSER 148

FORBEREDELSE 148

Grillede kyllinglår i saktekokeren 149

INGREDIENSER 149

FORBEREDELSE 149

Slow Cooker Kyllingpølse Pasta Saus 150

INGREDIENSER 150

FORBEREDELSE 150

Slow Cooker Kylling Curry 152

INGREDIENSER 152

FORBEREDELSE 152

Kyllingkarri med saktekokt ris 153

INGREDIENSER 153

FORBEREDELSE 153

Slow cooker kylling enchiladas 154

INGREDIENSER 154

FORBEREDELSE 155

Slow cooker kyllinggryte med grønnsaker 156

INGREDIENSER 156

FORBEREDELSE 157

Slow cooker kylling i en smakfull saus 158

INGREDIENSER 158

FORBEREDELSE 158

Slow Cooker Kylling Madras med karripulver 159

INGREDIENSER 159

FORBEREDELSE 159

Slow cooker kylling med sopp 160

INGREDIENSER 160

FORBEREDELSE 160

Cordon Bleu. langsom matlaging 162

INGREDIENSER 162

FORBEREDELSE 162

Dijon-kylling i saktekokeren 164

INGREDIENSER 164

FORBEREDELSE 164

Slow Cooker sitronkylling 166

INGREDIENSER 166

FORBEREDELSE 167

Saktekokt pulled chicken 168

INGREDIENSER 168

FORBEREDELSE 169

Røkt pølse og kål 170

INGREDIENSER 170

FORBEREDELSE 171

Spansk kylling med ris 172

INGREDIENSER 172

FORBEREDELSE 172

Tami grillede kyllinglår 173

INGREDIENSER 173

FORBEREDELSE 173

Tamis Crockpot kyllingmozzarella 174

INGREDIENSER 174

FORBEREDELSE 174

Hvit kylling chili 175

INGREDIENSER 175

FORBEREDELSE 175

Slow Cooker kylling og svarte bønner 176

INGREDIENSER 176

FORBEREDELSE 177

Kylling og krydder, Slow Cooker 178

INGREDIENSER 178

FORBEREDELSE 178

Kylling og sopp, saktekoker 179

INGREDIENSER 179

FORBEREDELSE 179

Kylling og ris parmesan, saktekoker 181

INGREDIENSER 181

FORBEREDELSE 181

kylling og reker 182

INGREDIENSER 182

FORBEREDELSE 182

Kylling og farseoppskrift 184

INGREDIENSER 184

FORBEREDELSE 185

Kyllingbryst i kreolsk-kreolsaus 186

INGREDIENSER 186

FORBEREDELSE 186

Chili kylling med hominy 188

INGREDIENSER 188

FORBEREDELSE 188

kylling glede 189

INGREDIENSER 189

FORBEREDELSE 190

Slow cooker kylling enchiladas 191

INGREDIENSER 191

FORBEREDELSE 191

Kylling Vegas 192

INGREDIENSER 192

FORBEREDELSE 192

Parisisk kylling for saktekokeren 193

INGREDIENSER 193

FORBEREDELSE 193

Kylling Reuben gryte, Slow Cooker 194

INGREDIENSER 194

FORBEREDELSE 194

Kylling med tyttebær 195

INGREDIENSER 195

FORBEREDELSE 195

Kylling med saus og saus, saktekoker 196

INGREDIENSER 196

FORBEREDELSE 196

Kylling med pasta og røkt Gouda ost 198

INGREDIENSER 198

FORBEREDELSE 198

Kylling med løk og sopp, saktekoker 200

INGREDIENSER 200

FORBEREDELSE 200

Kylling med ananas 201

INGREDIENSER 201

FORBEREDELSE 202

Country Captain Chicken 203

INGREDIENSER 203

FORBEREDELSE 203

Landkylling og sopp 205

INGREDIENSER 205

FORBEREDELSE 205

P 206

Ollo med blåbær 207

INGREDIENSER 207

FORBEREDELSE 208

Kremet italiensk kylling 209

INGREDIENSER 209

FORBEREDELSE 209

kyllinglasagne 210

INGREDIENSER 210

FORBEREDELSE 210

Crockpot Kylling Reuben gryte 212

INGREDIENSER 212

FORBEREDELSE 212

Robust crockpot kylling 213

INGREDIENSER 213

FORBEREDELSE 213

Kyllinggryte med artisjokker 214

INGREDIENSER 214

FORBEREDELSE 215

Kylling med pasta, saktekoker

INGREDIENSER

- 2 ts kyllingbuljong i granulær eller bunnform
- 1 ss hakket fersk persille
- 3/4 ts fjærfekrydder
- 1/3 kopp. kanadisk bacon i terninger eller røkt skinke
- 2 eller 3 gulrøtter, i tynne skiver
- 2 stilker selleri, i tynne skiver
- 1 liten løk, i tynne skiver
- 1/4 kopp. Vann
- 1 grillet kylling (ca. 3 pund), kuttet i biter
- 1 boks (10 3/4 unser) kondensert cheddarostsuppe
- 1 ss universalmel
- 1 (16 oz.) konf. store eggnudler, kokt og avrent
- 2 ss hakket allehånde
- 2 ss revet parmesanost

FORBEREDELSE

1. Kombiner buljong eller kyllingbunn, hakket persille og fjærfekrydder i en liten bolle; legge til side.

2. Kast kanadisk bacon eller skinke, gulrøtter, selleri og løk i en saktekoker. tilsett vann.

3. Fjern kyllingskinn og overflødig fett; skyll og tørk. Legg halvparten av kyllingen i saktekokeren. Dryss over halvparten av den reserverte krydderblandingen. Legg resten av kyllingen på toppen og strø over den resterende krydderblandingen.

4. Bland suppen og melet og hell over kyllingen; ikke bland.

5. Dekk til og stek på HØY i 3-3 1/2 time eller på LAV i 6-8 timer, eller til kyllingen er mør og saften blir klar når du skjærer langs bein og grønnsakene er møre.

6. Legg varm kokt pasta i en liten serveringsbolle på 2 til 2 1/2 liter. Anrett kyllingen på nudlene. Rør suppeblandingen og grønnsakene i kasserollen til de er godt blandet. Hell grønnsakene og litt væske over kyllingen. Dryss over hakket pimiento og parmesan.

7. Stek 4 til 6 tommer fra varmekilden i 5 til 8 minutter eller til de er lett brune.

8. Pynt med en persillekvist, hvis du vil.

9. Alpenhuhn-oppskriften fungerer som 4

kylling med løk

INGREDIENSER

- 4 store løk, i tynne skiver
- 5 fedd hvitløk, hakket
- 1/4 kopp sitronsaft
- 1 teskje salt
- 1/4 ts kajennepepper (eller mer om ønskelig)
- 4 til 6 frosne, benfrie kyllingbryst, ingen opptining nødvendig
- varm kokt ris

FORBEREDELSE

1. Tilsett alle ingrediensene i kjelen bortsett fra risen. Bland godt. Stek på lav varme i 4-6 timer eller til kyllingen er gjennomstekt og fortsatt mør.

2. Server over ris.

Kyllingboller med persille

INGREDIENSER

- 4 til 6 kyllingbryst uten skinn

- 1 klype salt, pepper, tørkede timianblader, malt merian og paprika

- 1 stor løk i skiver, delt

- 2 purre i skiver

- 4 gulrøtter, kuttet i store biter

- 1 fedd hvitløk, hakket

- 1 kopp kyllingbuljong

- 1 ss maisstivelse

- 1 boks (10 3/4 unser) kondensert kyllingsuppe

- 1/2 glass tørr hvitvin

- Ravioli

- 1 kopp Bisquick

- 8 ss melk

- 1 ts tørkede persilleflak

- en klype salt

- Chilipepper

- en klype paprika

FORBEREDELSE

1. Dryss kyllingen med salt, pepper, timian, merian og paprika. Legg halvparten av løk, purre og gulrotskivene i bunnen av formen. Legg kyllingen oppå grønnsakene. Dryss finhakket hvitløk over kyllingen, og legg deretter de resterende løkskivene. Løs opp 1 ss maisstivelse i 1 kopp kyllingbuljong, og kombiner deretter med kyllingbuljong og vin. Stek på HIGH i ca. 3 timer eller LOW i ca. 6 timer (hvis tilberedningen er på LOW når du legger til gnocchi, skru til HIGH).

2. Kyllingen skal være mør, men ikke tørr.

3. **Gnocchi:** Bland sammen 1 kopp kjeks, ca 8 ss melk, persille, salt, pepper og paprika; Form til kuler og legg i kyllingblandingen de siste 35-45 minuttene av kokingen.

4. For 4 til 6 personer.

Kylling med vårløk og sopp

INGREDIENSER

- 4 til 6 utbenede kyllingbryst, kuttet i 1 tommers biter

- 1 boks (10 3/4 oz) krem med kylling eller krem av kylling og soppsuppe

- 8 gram oppskåret sopp

- 1 pose (16 gram) frossen løkløk

- Salt og pepper etter smak

- Persille, hakket, til pynt

FORBEREDELSE

1. Vask og tørk kyllingen. Skjær i 1/2 til 1 tomme biter og legg i en stor bolle. Tilsett suppe, sopp og løk; Rør for å kombinere. Spray slow cooker-innsatsen med kokespray.

2. Tilsett kyllingblandingen i kasserollen og dryss over salt og pepper.

3. Dekk til og stek på LOW i 6-8 timer, rør halvveis i kokingen hvis mulig.

4. Pynt med hakket fersk persille, om ønskelig, og server over varm kokt ris eller med poteter.

5. For 4 til 6 personer.

Kylling med ananas

INGREDIENSER

- 1-1 1/2 pund kyllingnuggets, kuttet i 1 tommers biter

- 2/3 kopp ananassyltetøy

- 1 ss pluss 1 ts teriyakisaus

- 2 fedd hvitløk, i tynne skiver

- 1 ss tørket hakket løk (eller 1 haug frisk vårløk, hakket)

- 1 ss sitronsaft

- 1/2 ts malt ingefær

- en klype kajennepepper etter smak

- 1 pakke (10 gram) kandiserte erter, tint

FORBEREDELSE

1. Legg kyllingbitene i saktekokeren/gryten.

2. Kombiner syltetøy, teriyakisaus, hvitløk, løk, sitronsaft, ingefær og kajennepepper; Bland godt. Hell over kyllingen og vend til de er dekket.

3. Dekk til og kok på lavt nivå i 6 til 7 timer. Tilsett ertene de siste 30 minuttene.

4. For 4 personer.

Kylling og risgryte

INGREDIENSER

- 4 til 6 store benfrie, skinnfrie kyllingbryst
- 1 boks kyllingsuppe
- 1 boks sellerikrem
- 1 boks soppsuppe
- 1/2 kopp selleri i terninger
- 1 til 1 1/2 kopper modifisert ris

FORBEREDELSE

1. Kombiner 3 bokser med suppe og ris i en slow cooker. Legg kyllingen på toppen av blandingen, og tilsett deretter selleri i terninger. Kok på høy i 3 timer eller på lav i ca 6-7 timer.

2. Gir 4 til 6 porsjoner.

Chili Kylling

INGREDIENSER

- 6 utbenede kyllingbrysthalvdeler, kuttet i 1 tommers biter

- 1 kopp hakket løk

- 1 kopp hakket paprika

- 2 fedd hvitløk

- 2 TBSP. vegetabilsk olje

- 2 bokser meksikanske dampede tomater (ca. 15 gram hver)

- 1 boks chilibønner

- 2/3 kopp varm saus

- 1 teskje. chilipulver

- 1 teskje. spisskummen

- 1/2 ts. Salt

FORBEREDELSE

1.

Fres kylling, løk, paprika og hvitløk i vegetabilsk olje til grønnsakene er brune. Sett i saktekokeren; Tilsett de andre ingrediensene. Dekk til og stek på LOW i 4-6 timer. Server med ris.

2. For 4 til 6 personer.

Kylling og grønnsaker i kinesisk stil

INGREDIENSER

- Kyllingbryst 1 til 1 1/2 pund, uten ben

- 2 kopper grovhakket kål

- 1 middels løk, kuttet i store biter

- 1 middels rød paprika, kuttet i store biter

- 1 pakke Kikkoman kyllingsalatdressing

- 1 ss rødvinseddik

- 2 ts honning

- 1 ss soyasaus

- 1 kopp frosne orientalske blandede grønnsaker

- 2 ss maisstivelse

- 1 ss kaldt vann

FORBEREDELSE

1. Skjær kyllingen i 1 1/2 tomme biter. Tilsett de første 8 ingrediensene til saktekokeren; Bland godt. Dekk til og kok på lav varme i 5-7 timer. Bland maisstivelse og kaldt vann; Tilsett med grønnsakene og kok videre i 30-45 minutter til grønnsakene er møre.

2. For 4 til 6 personer.

Cornish viltkyllinger med ris

INGREDIENSER

- 2 korniske viltkyllinger

- 1/2 kopp kyllingbuljong

- Sitronsalt og pepper etter smak

- varm kokt ris

FORBEREDELSE

1. Legg de korniske kyllingene i saktekokeren (hvis ønskelig, brun kyllingene først i en lett oljet panne). Tilsett kyllingbuljongen. Dryss kyllingen med sitronsalt og pepper. Kok på LOW i 7-9 timer. Fjern kylling og tøm fett; Tykk juice med en blanding av 1 1/2 ss maisstivelse og 1 ss kaldt vann. Server med varm kokt ris. Den serverer 2.

Cornish kyllinger med rosinsaus

INGREDIENSER

- 1 pakke (6 oz) med fyll, tilberedt som anvist

- 4 korniske viltkyllinger

- Salt og pepper

- .

- Rosin saus

- 1 krukke (10 oz) ripsgelé

- 1/2 kopp rosiner

- 1/4 kopp smør

- 1 ss sitronsaft

- 1/4 ts allehånde

FORBEREDELSE

1. Fyll kyllingen med den tilberedte fyllingen; Dryss over salt og pepper. Legg en klype eller sammenkrøllet stykke aluminiumsfolie i saktekokeren for å

unngå at kyllingene setter seg fast i juicen. Hvis du bruker en dyp, smal leirgryte, plasser de korniske kyllingene i nakken. Kombiner gelatin, rosiner, smør, sitronsaft og allehånde i en 1 liters kjele. La det småkoke under omrøring til det er varmt og la det småkoke. Hell sausen over kyllingen i gryta.

2. Oppbevar den resterende sausen i kjøleskapet til den skal serveres. Dekk til og stek på LOW i 5-7 timer, bløtlegg en gang omtrent en time før slutt. Kok opp resten av sausen og hell over kyllingen rett før servering.

3. Til 4 porsjoner.

Country Captain Kyllingbryst

INGREDIENSER

- 2 mellomstore Granny Smith-epler, kjernet ut og i terninger (uskrellet)

- 1/4 kopp finhakket løk

- 1 liten grønn paprika, frøsådd og finhakket

- 3 fedd hvitløk, hakket

- 2 ss rosiner eller rips

- 2 eller 3 ts karripulver

- 1 ts malt ingefær

- 1/4 ts malt rød pepper eller etter smak

- 1 boks (ca. 14 1/2 gram) tomater i terninger

- 6 benfrie kyllingbrysthalvdeler uten skinn

- 1/2 kopp kyllingbuljong

- 1 kopp hvit ris omdannet til langkornet ris

- 1 pund mellomstore eller store reker, skrellet og devinert, rå, valgfritt

- 1/3 kopp skivede mandler

- kosher salt

- Hakket persille

FORBEREDELSE

1. Kombiner terninger av epler, løk, paprika, hvitløk, rosiner eller gyldne rips, karripulver, ingefær og malt rød paprika i en 4 til 6 liters saktekoker; Rør inn tomater.

2. Anrett kyllingen på toppen av tomatblandingen, dekk bitene lett. Hell kyllingbuljongen over kyllingbrysthalvdelene. Dekk til og stek på LOW til kyllingen er veldig mør når den er gjennomhullet med en gaffel, ca. 4-6 timer.

3. Legg kyllingen på stekeplate, dekk lett og hold varm i ovnen ved 200F eller høyere.

4. Rør risen inn i kokevæsken. Øk temperaturen til maksimum; dekk til og kok, rør en eller to ganger, til risen er nesten mør, ca. 35 minutter. Rør inn reker, hvis du bruker; Dekk til og stek i ytterligere 15 minutter, til midten av rekene er ugjennomsiktig. kutt ut for å sjekke.

5. Rist i mellomtiden mandlene i en liten panne med teflonbelegg på middels høy varme til de er gyldenbrune, rør av og til. Legg til side.

6. Til servering, krydre risblandingen med salt. Anrett i en varm serveringsbolle; Legg kyllingen på den. Dryss over persille og mandler.

Landkylling og sopp

INGREDIENSER

- 1 krukke med countrydressing

- 4 til 6 kyllingbryst

- 8 gram oppskåret sopp

- Salt og pepper etter smak

FORBEREDELSE

1. Bland alle ingrediensene; dekk til og la det småkoke i 6-7 timer. Server med ris eller nudler.

2. For 4 til 6 personer.

Kylling Country Club Club

INGREDIENSER

- 5 epler, skrelt, kjernehus og hakket

- 6 til 8 vårløk, med grønt i skiver

- 1 pund kyllinglår, utbenet, flådd, trimmet for fett, kuttet i 2-tommers terninger

- 6 til 8 unser, skivet sveitsisk ost

- 1 boks (10 1/2 unser) krem med kyllingsuppe, godt blandet med 1/4 kopp melk

- 1 boks (6 oz) Pepperidge Farm Apple Rosinfylling eller bruk din favorittfyllblanding

- 1/4 kopp smeltet smør

- 3/4 kopp eplejuice

FORBEREDELSE

1. Plasser ingrediensene i en 3 1/2 til 5 liters saktekoker i samme rekkefølge som ovenfor. Hell suppeblandingen over ostelaget, smøret over fyllet og drypp til slutt over eplejuicen. Pass på at væsken fukter alt brødet.

2. Dekk til og kok på HØY i 1 time og på LAV i ytterligere 4-5 timer.

3. Merknad fra Rose-Mary:

4. Vi spiser det uten noe, men siden det blir en fantastisk saus og fyllet forsvinner på tallerkenen, anbefaler jeg å servere det med brun ris.

Kylling med blåbær

INGREDIENSER

- 4 til 6 benfrie, skinnfrie kyllingbryst

- 1 boks hel tranebærsaus

- 2/3 kopp chilisaus

- 2 ss eplecidereddik

- 2 ss brunt sukker

- 1 pakke gyllen løksuppe (Lipton)

FORBEREDELSE

1. Legg kyllingbrystene i saktekokeren/gryten. Bland de resterende ingrediensene; Legg i saktekokeren/gryten og dekk kyllingen godt. Dekk til og la det småkoke i 6-8 timer.

2. For 4 til 6 personer.

Kylling med tyttebær II

INGREDIENSER

- 2 pund beinfrie, skinnfrie kyllingbryst

- 1/2 kopp hakket løk

- 2 ts vegetabilsk olje

- 2 ts salt

- 1/2 ts malt kanel

- 1/4 ts malt ingefær

- 1/8 ts malt muskatnøtt

- finmalt allehånde

- 1 glass appelsinjuice

- 2 ts finrevet appelsinskall

- 2 kopper ferske eller frosne tranebær

- 1/4 kopp brunt sukker

FORBEREDELSE

1. Stek kyllingbiter og løk i olje; dryss over salt.

2. Tilsett den brunede kyllingen, løken og andre ingredienser i kjelen.

3. Dekk til og stek på LOW i 5 1/2 til 7 timer.

4. På slutten av tilberedningen, om ønskelig, tykk pannesaften med en blanding av ca 2 ss maisstivelse og 2 ss kaldt vann.

Kylling med kremost

INGREDIENSER

- Kyllingbiter 3 til 3 1/2 pund

- 2 ss smeltet smør

- Salt og pepper etter smak

- 2 ss tørr italiensk salatdressing

- 1 boks (10 3/4 unser) krem med soppsuppe

- 8 gram kremost, i terninger

- 1/2 glass tørr hvitvin

- 1 ss hakket løk

FORBEREDELSE

1. Pensle kyllingen med smør og dryss over salt og pepper. Sett på en langsom komfyr og dryss over tørre krydder.

2. Dekk til og la det småkoke i 6-7 timer eller til kyllingen er mør og gjennomstekt.

3. Omtrent 45 minutter før slutt kombinerer du suppen, kremosten, vinen og løken i en liten kjele. Kok til boblende og glatt.

4. Hell over kyllingen, dekk til og stek i ytterligere 30 til 45 minutter.

5. Server kyllingen med sausen.

6. For 4 til 6 personer.

Kremet kylling og artisjokker

INGREDIENSER

- 2-3 kopper tilberedt kylling i terninger

- 2 kopper frosne artisjokkkvartaler eller 1 boks (ca. 15 gram), drenert

- 2 gram hakket chili, drenert

- 1 krukke (16 oz) Alfredo-saus

- 1 ts kyllingbuljong eller buljong

- 1/2 ts tørket basilikum

- 1/2 ts hvitløksfedd eller pulver

- 1 ts tørket persille, valgfritt

- Salt og pepper etter smak

- 8 gram spaghetti, tilberedt og drenert, valgfritt

FORBEREDELSE

1. Jeg koker omtrent et halvt kilo kylling i litt sitron- og hvitløksvann, men du kan bruke kokte kyllingbryst eller kyllingrester. Ha alle ingrediensene i en kjele; Dekk til og la det småkoke i 4-6 timer. Rør inn varme kokte nudler eller bruk som saus til ris eller nudler. Denne slow cooker kylling- og artisjokkoppskriften serverer 4 til 6 personer.

Kremet italiensk kylling

INGREDIENSER

- 4 utbenede kyllingbrysthalvdeler uten skinn

- 1 pose italiensk salatdressing

- 1/3 kopp vann

- 1 pakke (8 gram) kremost, myknet

- 1 boks (10 3/4 oz) fortykket kyllingsuppe, ufortynnet

- 1 boks (4 oz) stilker og soppbiter, drenert

- Varm kokt ris eller pasta

FORBEREDELSE

1. Legg kyllingbrysthalvdelene i saktekokeren. Bland sammen salatdressingen og vann; hell over kyllingen. Dekk til og stek på LOW i 3 timer. I en liten bolle, rør sammen kremost og suppe til det er godt kombinert. Tilsett soppen. Hell kremostblandingen over kyllingen. Kok i ytterligere 1 til 3 timer eller til kyllingsaften blir klar. Server den italienske kyllingen med ris eller varm kokt pasta.

2. del 4

Kylling kreolsk

INGREDIENSER

- 1 stekt kylling, kuttet i biter, ca. 3 pund kyllingbiter

- 1 grønn paprika, hakket

- 6 vårløk, ca 1 haug, hakket

- 1 boks (14,5 oz) tomater, udrenerte, i terninger

- 1 boks (6 oz) tomatpuré

- 4 gram kokt skinke i terninger

- 1 teskje salt

- flere dråper chilisaus fra flasken, f.eks. B. Tabasco

- 1/2 pund oppskåret røkt pølse, andouille, kielbasa osv.

- 3 kopper kokt ris

FORBEREDELSE

1. Kombiner kylling, paprika, løk, tomater, tomatpuré, skinke, salt og peppersaus i en saktekoker.

2. Dekk til og kok over svak varme i 6 timer. Vri på skiven og tilsett pølse og kokt ris. Sett på lokket og kok i ytterligere 20 minutter på maksimal effekt.

Kreolsk kylling med pølse

INGREDIENSER

- 1 1/2 pund utbenede kyllinglår, kuttet i biter

- 12 gram røkt andouillepølse, kuttet i 1-2 tommers biter

- 1 kopp hakket løk

- 3/4 kopp kyllingbuljong eller vann

- 1 boks (14,5 oz) tomater i terninger

- 1 boks (6 oz) tomatpuré

- 2 ts cajun- eller kreoldressing

- en klype kajennepepper etter smak

- 1 grønn paprika, hakket

- Salt og pepper etter smak

- Varmkokt hvit eller brun ris eller kokt, avrent spaghetti

FORBEREDELSE

1. Kombiner kyllinglårbiter, andouillepølsebiter, hakket løk, buljong eller vann, tomater (med saften deres), tomatpuré, kreolsk krydder og kajennepepper i en saktekoker.

2. Dekk til og stek kylling- og pølseblandingen på lavt nivå i 6-7 timer. Tilsett hakket grønn paprika omtrent en time før tilberedning. Smak til og tilsett salt og pepper etter behov.

3. Server denne deilige kylling- og pølseretten over varm kokt ris eller med spaghetti eller englehårnudler.

4. For 6 personer.

Crock pot kylling og artisjokker

INGREDIENSER

- 3 pund kyllingbiter, oppskåret, strimlet

- Salt etter smak

- 1/2 ts pepper

- 1/2 ts paprika

- 1 ss smør

- 2 krukker med syltede artisjokker, hjerter; marinert reserve

- 1 boks (4 oz) sopp, drenert

- 2 ss instant tapioka

- 1/2 kopp kyllingbuljong

- 3 ss tørr sherry eller mer kyllingbuljong

- 1/2 ts tørket estragon

FORBEREDELSE

1. Vask og tørk kyllingen. Krydre kyllingen med salt, pepper og paprika. Brun kyllingen i smør- og artisjokkmarinade i en stor panne på middels høy varme.

2. Legg sopp og artisjokkhjerter i bunnen av saktekokeren. Dryss over tapioka. Tilsett de brunede kyllingbitene. Tilsett kyllingbuljong og sherry. Tilsett estragonen. Dekk til og stek på LAV i 7-8 timer eller på HØY i 3 1/2-4 1/2 timer.

3. del 4

Kylling i gryte og krydder

INGREDIENSER

- 4 utbenede skinnfrie kyllingbrysthalvdeler +

- Salt og nykvernet sort pepper etter smak

- 4 skiver sveitserost

- 1 boks (10 3/4 unser) kondensert kyllingsuppe

- 1 boks (10 3/4 oz) fortykket soppsuppe eller krem av selleri

- 1 kopp kyllingbuljong

- 1/4 kopp melk

- 3 kopper smuldret topping med urtesmak

- 1/2 kopp smeltet smør

FORBEREDELSE

1. Krydre kyllingbrystene med salt og pepper og legg i saktekokeren. Hell kyllingbuljongen over kyllingbrystene. Legg en skive sveitserost på hvert bryst.

2. Kombiner begge bokser med suppe og melk i en bolle. Bland godt. Hell suppeblandingen over kyllingen. Dryss alt med fyllet. Hell smeltet smør over fylllaget.

3. Sett på lokket og kok på svak varme i 5-7 timer.

4. **Merk**: Kyllingbryst er veldig magre og vil tørke ut hvis de blir overstekt.

5. Avhengig av saktekokeren din, kan kyllingen tilberedes til perfeksjon på 4 timer eller mindre. For en lengre tilberedningstid, prøv en oppskrift på benfri kyllinglår.

Hot pot kyllingenchilada i leirpotter

INGREDIENSER

- 9 maistortillas, 6 tommer
- 1 boks (12 til 16 unser) hel maiskolber, drenert
- 2-3 kopper tilberedt kylling i terninger
- 1 ts chilipulver
- 1/4 ts malt svart pepper
- 1/2 ts salt eller etter smak
- 1 boks (4 oz.) finhakket, grønn chili
- 2 kopper revet meksikansk ost eller mild cheddarost
- 2 bokser (10 unser hver) enchiladasaus
- 1 boks (15 oz) svarte bønner, skyllet og drenert
- Guacamole og rømme

FORBEREDELSE

1. Spray saktekokeren med non-stick spray.
2. Legg 3 tortillas på bunnen av slow cookeren.

3. Legg mais, halvparten av kyllingen, omtrent halvparten av fyllet og halvparten av chilien på tortillaene.

4. Dryss over halvparten av den revne osten og hell ca 3/4 kopp av enchiladasausen over osten.

5. Gjenta med 3 tortillas til, svarte bønner, gjenværende kylling, pålegg, chili og ost.

1. Pynt med de resterende tortillaene og enchiladasausen.

2. Dekk til og kok på LOW i 5-6 timer.

3. Server med guacamole og rømme.

4. For 6 til 8 personer.

Kyllingenchiladas i en bolle

INGREDIENSER

- 1 stor (19 oz) boks enchiladasaus

- 6 utbenede kyllingbrysthalvdeler

- 2 bokser krem med kyllingsuppe

- 1 liten boks hakkede sorte oliven

- 1/2 kopp hakket løk

- 1 boks (4 oz.) hakket søt chili

- 16-20 maistortillas

- 16 gram revet skarp cheddarost

FORBEREDELSE

1. Kok og riv kyllingen. Bland suppen, oliven, chili og løk. Skjær tortillaene. Legg crock pot med salsa, tortillas, suppeblanding, kylling og ost og avslutt med ost. Dekk til og stek på LOW i 5-7 timer.

2. For 8 til 10 personer

Kylling i en tortillarett

INGREDIENSER

- 4 kopper strimlet eller passe stor tilberedt kylling

- 1 boks kyllingsuppe

- 1/2 sek Grønn Chilisaus

- 2 TBSP. hurtigkoking tapioka

- 1 middels løk, hakket

- 1 1/2 sek revet ost

- 12-15 maistortillas

- Svarte oliven

- 1 tomat, hakket

- 2 ss hakket grønn løk

- Krem til pynt

FORBEREDELSE

1. Kast kylling med suppe, chilisaus og tapioka. Kle bunnen av gryten med 3 maistortillas kuttet i passe store biter. Tilsett 1/3 av kyllingblandingen. Dryss over 1/3 løk og 1/3 revet ost. Gjenta tortillalagene med en blanding av kylling, løk og ost. Dekk til og stek på lav varme i 6-8 timer eller på høy

varme i 3 timer. Pynt med skivede sorte oliven, hakkede tomater, vårløk og rømme, hvis du vil.

Crockpot cassoulet

INGREDIENSER

- 1 pund tørkede syltede bønner, skylt

- 4 kopper vann

- 4 benfrie, skinnfrie kyllingbrysthalvdeler, kuttet i 2,5 cm store biter

- 8 gram kokt skinke, kuttet i 1 tommers biter

- 3 store gulrøtter, i tynne skiver

- 1 kopp hakket løk

- 1/2 kopp hakket selleri

- 1/4 kopp godt pakket brunt sukker

- 1/2 ts salt

- 1/4 ts tørr sennep

- 1/4 ts pepper

- 1 boks (8 oz) tomatsaus

- 2 ss melasse

FORBEREDELSE

2. Bløtlegg bønner i 4 kopper vann i en nederlandsk ovn eller stor vannkoker over natten.

3. Dekk til og la bønnene småkoke til de er møre, ca 1 1/2 time, tilsett litt mer vann om nødvendig.

4. Tilsett bønnene og væsken i kasserollen. Tilsett de resterende ingrediensene; Bland godt.

5. Dekk til og kok på lav til grønnsakene er møre, 7-9 timer.

6. For 6 til 8 personer.

Kylling og urteboller

INGREDIENSER

- 3 pund skinnfri kyllingbiter

- Salt og pepper

- 1/4 kopp hakket løk

- 10 små hvite løk

- 2 fedd hvitløk, hakket

- 1/4 ts malt merian

- 1/2 ts tørkede, knuste timianblader

- 1 laurbærblad

- 1/2 glass tørr hvitvin

- 1 kopp søt krem laget av melk

- 1 kopp kjeksblanding

- 1 ss hakket persille

- 6 ss melk

FORBEREDELSE

1. Dryss kyllingen med salt og pepper og legg i saktekokeren eller kasserollen. Ha all løken i kjelen. Tilsett hvitløk, merian, timian, laurbærblad og vin. Dekk til og la det småkoke i 5 til 6 timer. Fjern laurbærblad. Fyll på rømme. Øk varmen til høy og rør inn kakeblandingen med persillen. Rør inn melken i kakeblandingen til den er godt fuktet. Slipp dumplings fra skjeen rundt kanten av gryten. Dekk til og stek på høy i ytterligere 30 minutter til gnocchiene er ferdige.

kyllinggrill

INGREDIENSER

- 2 benfrie kyllingbryst uten skinn

- 1 1/2 kopper ketchup

- 3 ss brunt sukker

- 1 ss Worcestershiresaus

- 1 ss soyasaus

- 1 spiseskje eplecidereddik

- 1 ts røde pepperflak, malt eller etter smak

- 1/2 ts hvitløkspulver

FORBEREDELSE

1. Bland alle sausingrediensene sammen i saktekokeren. Tilsett kyllingen; Snu og pensle godt med saus.

2. Stek på full kraft i 3-4 timer eller til kyllingen er ferdigstekt. Riv eller riv kyllingen og tilsett sausen i gryta. Bland godt så alle bitene er dekket.

3. Du kan holde saktekokeren på lav varme så kyllingen ikke blir varm og ikke ender opp på harde boller.

4. Deilig!

kyllinggrill

INGREDIENSER

- 1 stekt kylling, kuttet i biter eller kvarte

- 1 boks fortykket tomatsuppe

- Løk, hakket 3/4 sek

- 1/4 sek eddik

- 3 TBSP. brunt sukker

- 1 spiseskje. Worcestersaus

- 1/2 ts. Salt

- 1/4 ts. basilikum

- en klype timian

FORBEREDELSE

1. Legg kyllingen i saktekokeren. Bland alle andre ingrediensene sammen og hell over kyllingen. Dekk godt til og stek på LOW i 6-8 timer. Det serverer 4

Kylling crockpot chili

INGREDIENSER

- 2 kopper tørkede bondebønner, bløtlagt over natten

- 3 glass kokende vann

- 1 kopp hakket løk

- 2 fedd hvitløk, hakket

- 2 eller 3 hermetiske jalapeñopepper, hakket (syltet fungerer godt)

- 1 ss malt spisskummen

- 1 ts chilipulver

- 1-1 1/2 pund utbenede kyllingbryst, kuttet i 1 tommers biter

- 2 små zucchini eller zucchini i terninger

- 1 boks hel mais (12 til 15 gram), drenert

- 1/2 kopp rømme

- 2 1/4 ts salt

- 1 ss limejuice

- 1/4 kopp hakket fersk koriander, pluss litt til pynt om ønskelig

- 1 tomat, hakket, til pynt eller halverte cherrytomater

- Krem til pynt

FORBEREDELSE

1. Kombiner bønner og kokende vann i en saktekoker. La den hvile mens du forbereder de resterende ingrediensene. Tilsett hakket løk, hakket hvitløk, jalapeñopepper, spisskummen og chilipulver i kasserollen. Legg kyllingen på toppen. Legg gresskaret i terninger i gryten. Dekk til og la det småkoke til bønnene er møre, 7-8 timer. Bland sammen mais, rømme, salt, limejuice og hakket koriander. Hell i boller. Pynt med en spiseskje rømme, hakkede tomater og hakket fersk koriander, hvis du vil.

Crockpot Chicken Chow Mein

INGREDIENSER

- 1 1/2 pund utbenede kyllingbryst, kuttet i 1 tommers biter

- 1 spiseskje vegetabilsk olje

- 1 1/2 kopper hakket selleri

- 1 1/2 kopper revet gulrøtter

- 6 vårløk, hakket

- 1 kopp kyllingbuljong

- 1/3 kopp soyasaus

- 1/4 ts malt rød pepper eller etter smak

- 1/2 ts malt ingefær

- 1 fedd hvitløk, finhakket

- 1 boks (ca. 12-15 gram) bønnespirer, drenert

- 1 boks (8 oz.) hakkede vannkastanjer, drenert

- 1/4 kopp maisstivelse

- 1/3 kopp vann

FORBEREDELSE

1. Stek kyllingbitene i en stor panne. Legg brunet kylling i slow cooker. Tilsett de resterende ingrediensene bortsett fra maisstivelse og vann. Riste. Dekk til og stek på LOW i 6-8 timer. Sett saktekokeren på HØY. Kombiner maisstivelse og vann i en liten bolle og rør til det er oppløst og glatt. Rør inn væskene fra slow cookeren. Hold lokket litt på gløtt for å la dampen slippe ut og kok til det tykner, ca. 20 til 30 minutter.

2. Server med ris eller chow mein nudler. Det kan dobles for 5 qt. Slow cookers / gryter.

Crock pot kylling cordon bleu

INGREDIENSER

- 4-6 kyllingbryst (finpisket)

- 4-6 skinkestykker

- 4-6 skiver sveitserost eller mozzarella

- 1 boks soppsuppe (du kan bruke hvilken som helst fløtesuppe)

- 1/4 kopp melk

FORBEREDELSE

1. Tilsett skinken og osten til kyllingen. Rull sammen og fest med en tannpirker. Legg kyllingen i slow cooker/crock-gryten slik at den ser ut som en trekant/_\ Dekk til resten. bland suppe med melk; hell over kyllingen. Dekk til og la det småkoke til kyllingen ikke lenger er rosa, 4 timer. Server over pastaen med den tilberedte sausen.

2. Teresas merknad: Dette er den desidert beste oppskriften jeg noen gang har prøvd, deilig.

Crockpot Kylling Cordon Bleu II

INGREDIENSER

- 6 tilbehør med kyllingbryst

- 6 skiver skinke

- 6 skiver sveitserost

- 1/2 sek mel

- 1/2 sek parmesanost

- 1/2 ts. Salt

- 1/4 ts. pepper

- 3 ss olje

- 1 boks kyllingsuppe

- 1/2 glass tørr hvitvin

FORBEREDELSE

1. Legg hver side av kyllingbrystet mellom matfilm og klapp lett til jevn tykkelse. Legg en skinkeskive og en skive sveitserost på hvert kyllingbryst; Rull sammen og fest med tannpirkere eller kjøkkengarn. Bland mel, parmesan, salt og pepper i en bolle. Pensle kyllingen med parmesan- og melblandingen; Avkjøl i 1 time. Etter at kyllingen er avkjølt, varm opp en panne med 3 ss olje. Stek kyllingen på alle sider.

2. Kombiner kyllingbuljong og vin i en kjele. Tilsett brunet kylling og stek på LAV i 4 1/2 til 5 timer eller på HØY i ca. 2 1/2 time. Tynn sausen med en blanding av mel og kaldt vann (bland ca. 2 ss mel med 2 ss kaldt vann). Kok i ca. 20 minutter til til den tykner.

3. For 6 personer.

Crockpot kyllinglår

INGREDIENSER

- 12-16 kyllinglår, flådd

- 1 kopp lønnesirup

- 1/2 kopp soyasaus

- 1 boks (14 oz) tranebærsaus

- 1 ts dijonsennep

- 1 ss maisstivelse

- 1 ss kaldt vann

- Hakket grønn løk eller hakket fersk koriander, valgfritt

FORBEREDELSE

1. Hvis du vil la skinnet ligge på lårene, legg kyllingen i en stor kjele, dekk med vann og kok opp på høy varme. La koke i ca 5 minutter. Matlaging fjerner noe av overflødig fett fra huden.

2. Ta ut kyllingen, tørk og legg lårene i saktekokeren.

3. Kombiner lønnesirup, soyasaus, tranebærsaus og sennep i en bolle. Dekk med spisepinner.

4. Dekk til og stek på LOW i 6-7 timer eller på HØY i ca. 3 timer. Kyllingen skal være veldig mør, men ikke helt flassende.

5. Legg kyllinglårene på et serveringsfat og hold dem varme.

6. Kombiner maisstivelse og kaldt vann i en kopp eller liten bolle. Bland til glatt.

7. Sett saktekokeren på høy og tilsett maisennablandingen. Kok i ca 10 minutter til den tykner.

8. Eller ha væsken i en kjele og kok opp. Rør inn maisstivelsesblandingen og kok under omrøring i 1 til 2 minutter til sausen har tyknet.

9. Server med skivet vårløk eller hakket koriander, hvis du vil.

10. Variasjoner

11. Bruk kyllinglår med bein eller lår i stedet. Fjern skinnet før steking.

12. I stedet for lår, bruk 6 til 8 hele kyllinglår uten skinn.

Crockpot kyllingfrikassé oppskrift

INGREDIENSER

- 1 boks fortykket krem med kyllingsuppe, mager eller sunn suppe

- 1/4 kopp vann

- 1/2 kopp hakket løk

- 1 ts malt paprika

- 1 teskje sitronsaft

- 1 ts tørket rosmarin, hakket

- 1 ts timian

- 1 ts persilleflak

- 1 teskje salt

- 1/4 ts pepper

- 4 utbenede kyllingbrysthalvdeler uten skinn

- Nonstick matlagingsspray

- Ravioli av gressløk

- 3 ss matfett

- 1 1/2 kopper mel

- 2 TE-SKEIER. bakepulver

- 3/4 ts. Salt

- 3 ss nyhakket gressløk eller persille

- 3/4 kopp skummet melk

FORBEREDELSE

1. Spray saktekokeren med non-stick spray. Legg kyllingen i saktekokeren.

2. Visp sammen suppe, vann, løk, paprika, sitronsaft, rosmarin, timian, persille, 1 ts salt og pepper; hell over kyllingen. Dekk til og stek på LOW i 6-7 timer. Tilbered gnocchien en time før servering (se nedenfor).

3. Gnocchi:

4. Bruk en blender eller gaffel, bland de tørre ingrediensene og bland til blandingen minner om grovt mel.

5. Tilsett gressløk eller persille og melk; Bland til det er godt blandet. Fordel varm kylling og saus på toppen. Dekk til og stek på HIGH i ytterligere 25 minutter til gnocchi er ferdig. Server med potetmos eller pasta og grønnsaker eller salat.

Crockpot Kylling Reuben gryte

INGREDIENSER

- 2 poser (16 unser hver) surkål, skylt og drenert

- 1 kopp lett eller lavkalori russisk salatdressing, delt

- 6 benfrie kyllingbrysthalvdeler uten skinn

- 1 ss tilberedt sennep

- 4 til 6 skiver sveitserost

- fersk persille, til pynt, valgfritt

FORBEREDELSE

1. Legg halvparten av surkålen i en 3 1/2 liter elektrisk saktekoker. Drypp med ca 1/3 kopp dressing. Topp med 3 kyllingbrysthalvdeler og fordel sennepen over kyllingen. Pynt med resterende surkål og kyllingbryst. Hell en annen kopp saus over gryten. Avkjøl resten av sausen til den skal serveres. Dekk til og la det småkoke til kyllingen er helt hvit og mør, ca 3 1/2-4 timer.

2. For å servere deler du gryten mellom 6 tallerkener. Pynt med en osteskive og drypp over noen teskjeer russisk dressing. Server umiddelbart, garnert med fersk persille om du vil.

3. For 6 personer.

Kyllinggryte med artisjokker

INGREDIENSER

- 1/2 til 2 pund beinfrie, skinnfrie kyllingbryst

- 8 gram oppskåret fersk sopp

- 1 boks (14,5 oz) tomater i terninger

- 1 pakke frosne artisjokker, 8 til 12 gram

- 1 kopp kyllingbuljong

- 1/2 kopp hakket løk

- 1 boks (3-4 unser) modne, skivede modne oliven

- 1/4 kopp tørr hvitvin eller kyllingbuljong

- 3 ss instant tapioka

- 2 ts karripulver eller etter smak

- 3/4 ts tørket timian, hakket

- 1/4 ts salt

- 1/4 ts pepper

- 4 kopper varm kokt ris

FORBEREDELSE

1. Skyll kyllingen; renne av og sett til side. I en 3 1/2 til 5 liters saktekoker kombinerer du sopp, tomater, artisjokkhjerter, kyllingbuljong, hakket løk, skivede oliven og vin. Bland sammen tapioka, karri, timian, salt og pepper. Legg kyllingen i gryta; Hell litt tomatblanding over kyllingen.

2. Dekk til og stek på LAV i 7-8 timer eller på HØY i 3 1/2-4 timer. Server med varm kokt ris.

3. Gir 6 til 8 porsjoner.

Crockpot kylling med dijonsennep

INGREDIENSER

- 4 til 6 utbenede kyllingbryst

- 2 ss dijonsennep

- 1 boks 98 % fettfri soppsuppe

- 2 ts maisstivelse

- en klype sort pepper

FORBEREDELSE

1. Legg kyllingbrysthalvdelene i slow cooker-innsatsen.

2. Bland de andre ingrediensene sammen og hell over kyllingen.

3. Dekk til og kok på lavt nivå i 6 til 8 timer.

Kyllinggryte med ris

INGREDIENSER

- 4 til 6 benfrie, skinnfrie kyllingbryst

- 1 boks (10 3/4 oz) fortykket soppsuppe eller krem av kyllingsuppe

- 1/2 kopp vann

- 3/4 kopp modifisert ris, ukokt a

- 1 1/2 kopper kyllingbuljong

- 1 eller 2 kopper frosne grønne bønner, tint

FORBEREDELSE

1. Legg kyllingbrystene i en bolle. Tilsett krem av soppsuppe og 1/2 kopp vann.

2. Tilsett 3/4 kopp ris og kyllingbuljong.

3. Tilsett de grønne bønnene.

4. Dekk til og kok på lav til kyllingen er mør og risen er mør, 6 timer.

Den serverer fra 4 til 6 personer.

Kyllinggryte med tomater

INGREDIENSER

- 4 til 6 kyllingbryst

- 2 grønne paprika i skiver

- 1 boks hakkede stuede tomater

- 1/2 flaske italiensk dressing (redusert fett, om ønskelig)

FORBEREDELSE

1. Legg kyllingbrystene, grønn paprika, sauterte tomater og italiensk krydder i en saktekoker eller gryte og stek på lav varme hele dagen (6–8 timer).

2. Denne tomatstuede kyllingoppskriften ble delt av Myron i Florida

Crockpot Cola kylling

INGREDIENSER

- 1 hel kylling, ca. 3 pund

- 1 glass ketchup

- 1 stor løk, i tynne skiver

- 1 glass Cola, Cola, Pepsi, Dr. pepper osv

FORBEREDELSE

1. Vask og tørk kyllingen. salt og pepper etter smak. Legg kyllingen i crock pot med løken på toppen. Tilsett cola og ketchup og kok på LOW i 6-8 timer. Å nyte!

2. Skrevet av Molly

Crockpot kylling kreolsk

INGREDIENSER

- 1 pund beinfri, skinnfri kyllinglår, kuttet i 1 tommers biter

- 1 boks (14,5 oz) tomater med juice

- 1 1/2 kopper kyllingbuljong

- 8 gram ferdig kokt røkt pølse, i skiver

- 1/2 til 1 kopp kokt skinke i terninger

- 1 kopp hakket løk

- 1 boks (6 oz) tomatpuré

- 1/4 kopp vann

- 1 1/2 ts kreoldressing

- noen dråper Tabasco eller en annen chilisaus

- 2 kopper ukokt instant ris •

- 1 kopp hakket grønn pepper

FORBEREDELSE

1. Kombiner kylling, tomater, buljong, pølse, skinke, løk, tomatpuré, vann, krydder og tabascosaus i saktekokeren. Dekk til og stek på LOW i 5-6 timer.

2. Tilsett risen og den grønne paprikaen i kasserollen og kok i ytterligere 10 minutter eller til risen er mør og det meste av væsken er absorbert.

3. Hvis ønskelig, tilbered 1 1/2 kopper vanlig langkornet ris og server med kyllingblandingen.

4. For 6 personer.

Urtekyllinggryte med fyll

INGREDIENSER

- 1 boks (10 1/2 oz) krem med kyllingsuppe med grønnsaker

- 1 boks (10 1/2 unser) krem med selleri eller krem av kyllingsuppe

- 1/2 kopp tørr hvitvin eller kyllingbuljong

- 1 ts tørkede persilleflak

- 1 ts tørkede, knuste timianblader

- 1/2 ts salt

- En klype sort pepper

- 2 eller 2 1/2 kopper krydret fyllsmuler, ca. 6 gram, delt

- 4 ss smør, delt

- 6 til 8 benfrie, skinnfrie kyllingbryst

FORBEREDELSE

1. Pisk sammen supper, vin eller buljong, persille, timian, salt og pepper.

2. Vask og tørk kyllingen.

3. Smør lett en 5-7 liters slow cooker-innsats.

4. Dryss ca 1/2 kopp av fyllsmulene på bunnen av pannen og pensle med ca 1 ss smør.

5. Dekk med halvparten av kyllingen, deretter med halvparten av de resterende fyllsmulene. Pensle med halvparten av det resterende smøret og hell over halvparten av suppeblandingen.

6. Gjenta med den resterende kyllingen, fyllsmuler, smør og suppeblanding.

7. Dekk til og stek på lav varme i 5-7 timer, eller til kyllingen er mør.

For 6 til 8 personer.

Urtekyllinggryte med fyll

INGREDIENSER

- 1 boks (10 1/2 oz) krem med kyllingsuppe med grønnsaker

- 1 boks (10 1/2 unser) krem med selleri eller krem av kyllingsuppe

- 1/2 kopp tørr hvitvin eller kyllingbuljong

- 1 ts tørkede persilleflak

- 1 ts tørkede, knuste timianblader

- 1/2 ts salt

- En klype sort pepper

- 2 eller 2 1/2 kopper krydret fyllsmuler, ca. 6 gram, delt

- 4 ss smør, delt

- 6 til 8 benfrie, skinnfrie kyllingbryst

FORBEREDELSE

1. Pisk sammen supper, vin eller buljong, persille, timian, salt og pepper.

2. Vask og tørk kyllingen.

3. Smør lett en 5-7 liters slow cooker-innsats.

4. Dryss ca 1/2 kopp av fyllsmulene på bunnen av pannen og pensle med ca 1 ss smør.

5. Dekk med halvparten av kyllingen, deretter med halvparten av de resterende fyllsmulene. Pensle med halvparten av det resterende smøret og hell over halvparten av suppeblandingen.

1. Gjenta prosessen med den resterende kyllingen, fyllsmuler, smør og suppeblanding.

2. Dekk til og stek på lav varme i 5-7 timer, eller til kyllingen er mør.

For 6 til 8 personer.

Italiensk crockpot kylling

INGREDIENSER

- 4 pund kyllingbiter

- 3 ss olivenolje

- 2 løk i skiver

- 1 teskje salt

- 1/2 ts nykvernet pepper

- 2 stenger selleri, kuttet i små biter

- 2 kopper poteter i terninger

- 1 boks (14,5 oz) tomater i terninger, avrent

- 1 ts tørkede oreganoblader

- 1 ss tørkede persilleflak

- 1 kopp frosne erter, tint

FORBEREDELSE

1. Stek kyllingbitene i varm olje. Tilsett salt, pepper og løk og fres i ytterligere 5 minutter. Legg selleri og poteter i bunnen av saktekokeren og tilsett kylling, løk og brune tomater med juice, oregano og persille. Dekk til og kok på lav varme i 6-8 timer. Tilsett ertene de siste 30 minuttene.

2. For 6 personer.

Crock Pot Lima bønner med kylling

INGREDIENSER

- 3 til 4 pund kyllingbiter
- Salt og pepper
- 1 spiseskje vegetabilsk olje
- 2 store poteter, kuttet i 1 tomme terninger
- 1 pakke frosne limabønner, tint
- 1 kopp kyllingbuljong
- 1/4 ts tørkede, knuste timianblader

FORBEREDELSE

1. Krydre kyllingen med salt og pepper. Varm olje og smør i en stor panne; Stek kyllingen på begge sider til den er gyldenbrun. Tilsett kyllingen i kjelen med de resterende ingrediensene. Dekk til og la det småkoke til kyllingen er mør, 4-6 timer.

2. del 4

Crockpot Macaroni Cheese Delight

INGREDIENSER

- 1 krukke Alfredo-saus
- 1 boks soppsuppe for sunne behov
- 1 (7 oz) kan albacore tunfisk eller kylling, drenert eller bruk rester av kokt kylling eller kjøtt
- 1/4 ts karripulver
- 1 til 1 1/2 kopper frosne blandede grønnsaker
- 1 1/2 kopper revet sveitserost
- 4 kopper kokt pasta (pasta, papillon, muslinger)

FORBEREDELSE

1. Kombiner de første 5 ingrediensene; Dekk til og stek på LOW i 4-5 timer. Tilsett sveitserosten i blandingen den siste timen. Kok nudler i henhold til pakkens anvisninger; renne av og legg til saktekokeren. Den passer like godt med kokt eller hermetisk kylling, rester av skinke, eller bare med ekstra grønnsaker!

2. del 4

Debutkylling og fylt gryte

INGREDIENSER

- 1 pakke fyllblanding med urtesmak, tilberedt

- 4 til 6 utbenede kyllingbryst eller beinfrie kyllinglår uten skinn •

- 1 boks (10 3/4 oz) fortykket kyllingsuppe, ufortynnet

- 1 boks (3 til 4 unser eller mer) oppskåret, tørket sopp

FORBEREDELSE

1. Smør bunnen og sidene av slow cooker-innsatsen.

2. Forbered pakket (eller hjemmelaget) smør og flytende fyll som anvist på pakken.

3. Legg det tilberedte fyllet på den smurte bunnen av saktekokeren.

4. Legg kyllingbitene på fyllblandingen. Kyllinger kan overlappe hverandre, men prøv å ordne så lite som mulig. Du kan bruke mer kylling hvis det er plass.

5. Hell den tyknede kyllingsuppen over kyllingen. Du kan også bruke krem av sopp eller krem av selleri om du vil. Komplett med sopp. Pass på å røre litt i soppen slik at den blir dekket av suppen.

6. Sett på lokket og kok på svak varme i 5-7 timer.

7. • Kyllingbryst har en tendens til å tørke ut over lange perioder med steking, så sjekk dem først. Lårene er tykkere enn kyllingbryst, så de kan stekes lenger.

Diana King kylling

INGREDIENSER

- 1 1/2 til 2 pund beinfri kylling

- 1 til 1 1/2 kopper fyrstikkkutte gulrøtter

- 1 haug vårløk (skålløk), kuttet i 1/2-tommers biter

- 1 krukke Kraft Pimiento eller allehånde olivenkremostpasta (5 gram)

- 1 boks med 98 % fettfri kyllingsuppe

- 2 ss tørr sherry (valgfritt)

- Salt og pepper etter smak

FORBEREDELSE

1. Legg alle ingrediensene i en slow cooker/panne (3 1/2 liter eller større) i den oppgitte rekkefølgen. Rør for å kombinere. Dekk til og kok over svak varme i 7-9 timer. Server med ris, toast eller kjeks.

2. For 6 til 8 personer.

Kyllingdill med grønnsaker

INGREDIENSER

- 1-1 1/2 pund kyllingnuggets, kuttet i 1 tommers biter

- 1 ss tørket hakket løk (eller liten løk, hakket)

- 1 boks vanlig eller lav-fett 98 % soppsuppe

- 1 pakke (1 unse) soppsaus (du kan erstatte kylling- eller countrysaus)

- 1 kopp babygulrøtter

- 1/2 til 1 ts dill

- smakstilsatt salt og pepper etter smak

- 1 kopp frosne erter

FORBEREDELSE

1. Kombiner de første 7 ingrediensene i slow cooker/crock pot; Dekk til og la det småkoke i 6-8 timer. Tilsett frosne erter de siste 30-45 minuttene. Server med ris eller potetmos.

2. del 4

Dons søt og sur kylling

INGREDIENSER

- 2 til 4 kyllingbryst uten skinn

- 1 stor løk, grovhakket

- 2 grovhakkede paprika (en grønn, en rød)

- 1 kopp brokkolibuketter

- 1/2 kopp gulrotbiter

- 1 stor boks hakket ananas (renne av og SPAR juice)

- 1/4-1/2 kopp brunt sukker (vanlig sukker kan brukes)

- Vann/vin/hvit druejuice/appelsinjuice etc. for ekstra væske etter behov

- 1 spiseskje maisstivelse per kopp resulterende væske

- Varm saus etter smak, valgfritt

- Salt og pepper etter smak, valgfritt

- Kanel, valgfritt

- Allehånde, valgfritt

- Nelliker, valgfritt

- Karripulver, valgfritt

FORBEREDELSE

1. Legg kyllingbrystene i saktekokeren eller kasserollen. Tilsett løk, paprika, brokkoli og gulrøtter. Rør til det er godt blandet, fri for klumper av sukker, væsker, krydder, maisstivelse og sukker. Hell over kyllingen. Hvis juicen ikke er nok, tilsett din favorittvæske for å få ønsket nivå. (MEN MERK: For hver ekstra kopp væske, tilsett en annen spiseskje maisstivelse før du legger til saktekokeren.)

2. Dekk til og kok på lavt nivå i 6 til 8 timer. Noen ganger endrer jeg oppskriften og bruker fruktsmoothies med litt mindre sukker, hermetisk ananas eller aprikoser, eller til og med appelsinmarmelade. (Hvis du brukte hermetikk, trenger du ikke maisstivelse og selvfølgelig ikke sukker. Bruk fantasien. Husk at det bittersøte i hovedsak er fruktjuice og eddik.

Enkel Slow Cooker ostekylling

INGREDIENSER

- 6 benfrie kyllingbrysthalvdeler uten skinn

- Salt og pepper etter smak

- Hvitløkspulver, etter smak

- 2 bokser fortykket kyllingsuppe

- 1 boks kondensert cheddarostsuppe

FORBEREDELSE

1. Skyll kyllingen og strø over salt, pepper og hvitløkspulver. Rør inn den ufortynnede suppen og hell i kjelen til kyllingen.

2. Dekk til og kok på lavt nivå i 6 til 8 timer.

3. Server med ris eller pasta.

4. For 6 personer.

Enkel kylling Cacciatore

INGREDIENSER

- 1 kylling, strimlet, 3 til 3 1/2 pund
- 1 krukke spaghettisaus
- hakket løk
- oppskåret sopp
- hakket grønn pepper
- Salt og pepper
- Chilibiter

FORBEREDELSE

1. Legg 1 hel strimlet kylling (3 til 3 1/2 pund) i slow cooker/skål. Tilsett litt hakket løk, sopp og grønn paprika i en krukke med spaghettisaus. salt og pepper etter smak. (Jeg bruker også disse små chiliflakene.)

2. Kok ved lav temperatur hele dagen (7 til 9 timer). Server over pasta eller spaghetti.

Lett kyllingpastasaus

INGREDIENSER

- 1 pund kyllingfilet eller kyllingbryst, i terninger

- 1 boks (15 oz) tomater i terninger

- 1 liten (6 oz) boks tomatpuré

- 1 stang selleri, hakket

- 1/4 kopp hakket løk

- 1/2 kopp hakkede eller revne gulrøtter, hermetisert eller kokt til de er litt myke

- 1/2 ts oregano

- 1/2 ts salt

- 1/4 ts pepper

- 1/2 ts hvitløkspulver

- en klype sukker eller annet søtningsmiddel (valgfritt eller etter smak)

FORBEREDELSE

1. Kombiner alle ingrediensene i en saktekoker eller kasserolle. Dekk til og kok på lav varme i 6-8 timer. Smak til og juster toppingen ca 30 minutter før servering, tilsett litt vann for å tynne ut om nødvendig. Server denne enkle kyllingsausoppskriften med spaghetti, fettuccine eller annen pasta.

2. Denne enkle kyllingoppskriften serverer 4 personer.

Enkel kylling med mandler

INGREDIENSER

- 4 til 6 kyllingbryst, vasket, uten skinn

- 1 boks (10 3/4 oz) kyllingsuppe

- 1 ss sitronsaft

- 1/3 kopp majones

- 1/2 kopp selleri i tynne skiver

- 1/4 kopp finhakket løk

- 1/4 kopp drenert, knust rød paprika

- 1/2 kopp flak eller skivede mandler

- hakket fersk persille, valgfritt

FORBEREDELSE

1. Legg kyllingbrystene på bunnen av saktekokeren. Bland suppen, sitronsaft, majones, selleri, løk og chili i en bolle; hell over kyllingbrystet. Dekk til og la det småkoke til kyllingen er mør, 5 til 7 timer (utbenede kyllingbryst tar mindre tid enn benfrie kyllingbryst). Legg kyllingbrystene i en serveringsbolle og hell over pannesaften. Dryss over mandler og persille, hvis du vil.

2. Server med varm kokt ris og dampet brokkoli.

3. For 4 til 6 personer.

Cassoulet Easy Crockpot

INGREDIENSER

- 1 ss ekstra virgin olivenolje

- 1 stor løk, finhakket

- 4 utbenede skinnfrie kyllinglår, grovhakket

- 1/4 pund røkt kokt pølse, f.eks. B. kielbasa eller en spicier andouille, i terninger

- 3 fedd hvitløk, hakket

- 1 ts tørkede timianblader

- 1/2 ts sort pepper

- 4 ss tomatpuré

- 2 ss vann

- 3 bokser (ca. 15 gram hver) bondebønner, skyllet og drenert

- 3 ss hakket fersk persille

FORBEREDELSE

1. Varm olivenoljen i en stor stekepanne på middels høy varme.

2. Tilsett løken i den varme oljen og stek under omrøring til løken er myk, ca 4 minutter.

3. Tilsett kylling, pølse, hvitløk, timian og pepper. Stek 5 til 8 minutter eller til kylling og pølse er gyldenbrune.

4. Tilsett tomatpuré og vann; Sett i saktekokeren. Rør bondebønnene inn i kyllingblandingen; Dekk til og stek på LOW i 4-6 timer.

5. Før servering dryss boksen med hakket persille.

6. Server 6.

Enkel Crockpot Chicken Santa Fe av Cindy

INGREDIENSER

- 1 boks (15 oz) svarte bønner, skyllet og drenert
- 2 bokser (15 unser) hel mais, drenert
- 1 kopp tykk, tykk flaskedressing, din favoritt
- 5 eller 6 benfrie kyllingbrysthalvdeler uten skinn (ca. 2 pund)
- 1 kopp revet cheddarost

FORBEREDELSE

1. Kombiner svarte bønner, mais og 1/2 kopp salsa i en saktekoker på 3 1/2 til 5 liter.

2. Dekk til kyllingbrystene, og hell deretter den resterende 1/2 kopp sausen over dem. Dekk til og stek på høy til kyllingen er mør og helt hvit, 2 1/2 til 3 timer. Ikke overkok ellers blir kyllingen tørr.

3. Strø ost på toppen; dekk til og kok til osten smelter, ca 5-15 minutter.

4. For 6 personer.

Jeffs lettstekt kylling med saus

INGREDIENSER

- 1 kylling, stekt
- Salt og pepper

FORBEREDELSE

1. Vi rengjør bare kyllingen, vasker den og legger den i gryten. Tilsett en klype salt og strø pepper på toppen. La stå på høyeste innstilling i ca. 6 timer.

2. Når vi tar ut det ferdige produktet, tøm den gjenværende saften i en kopp, dekk til med folie og sett i fryseren i omtrent en halv time. Dette vil stivne fettet på toppen av koppen. Skrap det av og tilsett resten av buljongen i sausen.

Ananas ingefær kylling

INGREDIENSER

- 4-5 utbenede kyllingbryst, i terninger (ca. 1,9 cm)
- 1 haug med løk med ca
- 1 boks (8 gram) hakket, udrenert ananas
- 1 ss finhakket krystallisert ingefær
- 2 ss sitronsaft
- 2 ss soyasaus (lavt natrium)
- 3 ss brunt sukker eller honning
- 1/2 ts hvitløkspulver

FORBEREDELSE

1. Bland alle ingrediensene i saktekokeren; Dekk til og la det småkoke i 6-8 timer. Server over ris eller flate nudler.
2. del 4

gresk kylling

INGREDIENSER

- 4 til 6 kyllingbryst uten skinn
- 1 liter. Bokse (15 oz) tomatsaus
- 1 boks (14,5 oz) tomater i terninger med juice
- 1 boks oppskåret sopp
- 1 boks (4 unser) skivede modne oliven
- 2 fedd hvitløk, hakket
- 1 spiseskje. sitronsaft
- 1 teskje. tørket oreganoblad
- 1/2 kopp hakket løk
- 1/2 sek tørr hvitvin (valgfritt)
- 2 kopper varm kokt ris
- Salt etter smak

FORBEREDELSE

1. Vask og tørk kyllingen. Stek på 350 grader i ca 30 minutter. I mellomtiden blander du alle andre ingredienser (unntatt ris). Riv kyllingen og tilsett sausen; Dekk til og la det småkoke i 4 til 5 timer. Server kyllingen og sausen med varm kokt ris.

2. For 4 til 6 personer.

Hawaiian spisepinner

INGREDIENSER

- 12 kyllinglår
- 1 glass ketchup
- 1 kopp mørk brunt sukker
- 1/2 kopp soyasaus
- nyrevet ingefær, 1 ss
- en dæsj sesamolje

FORBEREDELSE

1. Dekk til og kok over svak varme i ca 8 timer. Server over hvit ris.

2. Ahahaha!

3. Oppskrift på kyllingtrommestikker delt av LeRoy og Nitz Dawg!

Urtekylling med grønnsaker

INGREDIENSER

- 3 til 4 pund kyllingbiter

- 1 1/2 til 2 kopper frossen eller hermetisert og drenert små hele løk

- 2 kopper hele babygulrøtter

- 2 mellomstore poteter, kuttet i 1 tommers biter

- 1 1/2 kopper kyllingbuljong

- 2 mellomstore selleristilker, kuttet i 5 cm store biter

- 2 baconskiver i terninger

- 1 laurbærblad

- 1/4 ts tørket timian

- 1/4 ts sort pepper

- 1/4 kopp hakket fersk persille

- 2 ss fersk, hakket estragon eller 1 ts tørket estragon

- 1 ts revet sitronskall

- 2 ss fersk sitronsaft

- 1/2 ts salt eller etter smak

FORBEREDELSE

1. Kombiner kylling, løk, gulrøtter, poteter, buljong, selleri, bacon, laurbærblad, timian og pepper i en langsom komfyr. Skru til lav og kok i 8 til 10 timer.

2. Sett til side.

3. Bruk en hullsleiv og legg kyllingen og grønnsakene på en forvarmet tallerken. Dekk til med matfilm og hold varm. Hell av og fjern overflødig fett. Bland inn persille, estragon, sitronskall og saft og smak til med salt; Hell over kylling og grønnsaker.

Urtekylling med villris

INGREDIENSER

- Kyllingnuggets 1 til 1 1/2 pund eller et halvt benfritt kyllingbryst

- 6 til 8 gram oppskåret sopp

- 1 spiseskje vegetabilsk olje

- 2 eller 3 skiver smuldret bacon eller 2 ss ekte baconbiter

- 1 ts smør

- 1 boks (6 oz) Uncle Ben's (kyllingsmak) med langkornet og villris

- 1 boks kyllingkrembuljong, med urter eller naturell

- 1 glass vann

- 1 ts urteblanding, f.eks. B. fine urter eller din favoritt urteblanding; persille, timian, estragon osv.

FORBEREDELSE

1. Stek kyllingbitene og soppen i oljen og smøret til kyllingen er lett brun. Plasser baconet i bunnen av en 3 1/2 til 5 liter saktekoker. Legg risen på baconet. Bestill krydderpakke. Legg kyllingrullene på risen. Hvis du bruker kyllingbryst, kutt i strimler eller terninger. Hell suppen over kyllingen, og tilsett deretter vann. Dekk med pålegg og dryss med urteblanding. Dekk til og kok på LOW i 5 1/2 til 6 1/2 timer eller til risen er mør (ikke grøtaktig).

2. For 4 til 6 personer.

Kylling med honning og ingefær

INGREDIENSER

- 3 pund skinnfri kyllingbryst

- 1 1/4 tomme fersk ingefærrot, skrelt og finhakket

- 2 fedd hvitløk, hakket

- 1/2 kopp soyasaus

- 1/2 kopp honning

- 3 ss tørr sherry

- Bland 2 ss maisstivelse med 2 ss vann

FORBEREDELSE

1. Bland ingefær, hvitløk, soyasaus, honning og sherry i en liten bolle. Dypp kyllingbitene i sausen. Legg kyllingbitene i saktekokeren. Hell resten av sausen over alt. Dekk til og stek på LOW i ca 6 timer.

2. Fjern kyllingen fra den varme serveringsbollen og hell væsken i langpannen eller langpannen. Kok opp og fortsett å småkoke i 3-4 minutter for å redusere mengden litt. Rør maisenna i sausblandingen.

3. La småkoke på svak varme til en tykk masse. Hell saus over kylling og hell over.

4. Server kyllingen med varm ris.

Grillet kylling med honning og søtpoteter

INGREDIENSER

- 3 kopper skrellede og skivede søtpoteter, ca. 2 mellomstore til store søtpoteter

- 1 boks (8 oz.) ananasbiter i juice, udrenert

- 1/2 kopp kyllingbuljong

- 1/4 kopp finhakket løk

- 1/2 ts malt ingefær

- 1/3 kopp grillsaus, din favorittsaus

- 2 ss honning

- 1/2 ts tørr sennep

- 4 til 6 kyllinglårkvarter (bein med lår, uten skinn).

FORBEREDELSE

1. Kombiner søtpoteter, ananas med juice, kyllingbuljong, hakket løk og malt ingefær i en saktekoker på 3 1/2 til 5 liter; rør for å blande godt. Kombiner grillsaus, honning og tørr sennep i en liten bolle. rør for å blande godt. Dekk kyllingen på alle sider med grillsausen. Legg den panerte kyllingen i et enkelt lag på toppen av søtpotet- og ananasblandingen, overlapp om nødvendig. Hell resten av grillsausblandingen over kyllingen.

2. dekke; La småkoke i 7-9 timer eller til kyllingen er mør, saften blir klar og søtpotetene er møre.

3. For 4 til 6 personer.

Honning Hoisin kylling

INGREDIENSER

- 2-3 pund kyllingbiter (eller hel kylling, strimlet)
- 2 ss soyasaus
- 2 ss hoisinsaus
- 2 ss honning
- 2 ss tørr hvitvin
- 1 ss revet ingefærrot eller 1 ts malt ingefær
- 1/8 ts malt svart pepper
- 2 ss maisstivelse
- 2 ss vann

FORBEREDELSE

1. Vask og tørk kyllingen; Legg på bunnen av saktekokeren.

2. Bland sammen soyasaus, hoisinsaus, honning, vin, ingefær og pepper. Hell sausen over kyllingen.

3. Dekk til og la det småkoke til kyllingen er mør og saften er klar, ca 5 1/2-8 timer.

4. Bland maisstivelse og vann.

5. Fjern kyllingen fra saktekokeren. Skru opp varmen og tilsett maisstivelse og vannblandingen.

6. Fortsett å koke til den er tykk og tilsett kyllingen i saktekokeren for å varmes gjennom.

italiensk kylling

INGREDIENSER

- 4 utbenede kyllingbryst, kuttet i passe store biter
- 1-16 gram. Hermetiske tomater, hakket
- 1 stor søt grønn paprika i terninger
- 1 liten løk i terninger
- 1 middels stang selleri i terninger
- 1 middels gulrot, skrelt og i terninger
- 1 laurbærblad
- 1 ts tørket oregano
- 1 ts tørket basilikum
- 1/2 ts tørket timian, valgfritt
- 2 fedd hvitløk, hakket; ELLER 2 ts. Hvitløkspulver
- 1/2 ts salt
- 1/2 ts røde pepperflak eller etter smak
- 1/2 kopp revet parmesan eller romersk ost

FORBEREDELSE

1. Bland alle ingrediensene unntatt revet ost i saktekokeren.

2. Sett på lokket og kok på svak varme i 6-8 timer. Før servering, fjern laurbærbladet og dryss over revet ost.

3. Passer godt til ris eller pasta

Italiensk kylling i en gryte

INGREDIENSER

- 1 pund beinfri kyllinglår uten skinn eller 4 kyllinglårkvarter uten skinn
- 1/2 kopp hakket løk
- 1/2 kopp skivede modne oliven
- 1 boks (14,5 oz) tomater i terninger, avrent
- 1 ts tørkede oreganoblader
- 1/2 ts salt
- 1/2 ts tørket rosmarin, smuldret
- en klype tørkede timianblader
- 1/4 ts hvitløkspulver
- 1/4 kopp kaldt vann eller kyllingbuljong
- 1 ss maisstivelse

FORBEREDELSE

1. Legg kyllingen i en 3 1/2 til 5 liters saktekoker. Tilsett hakket løk og skiver oliven. Bland tomater med oregano, salt, rosmarin, timian og hvitløkspulver. Hell tomatblandingen over kyllingen. Dekk til og stek på lavt nivå i 7-9 timer, eller til kyllingen er mør og saften er klar. Fjern kyllingen og grønnsakene med en hullsleiv og legg på et varmt serveringsfat. Dekk til med matfilm og hold varm. Hev kjelen til HØYT.

2. Kombiner vann eller buljong og maisstivelse i en kopp eller liten bolle. rør til glatt. Rør væsken i kasserollen. Dekk til og kok til den tykner. Server den tyknede sausen sammen med kyllingen.

3. del 4

Italiensk kylling med spaghetti, saktekoker

INGREDIENSER

- 1 boks (8 oz) tomatsaus

- 6 til 8 benfrie, skinnfrie kyllingbryst

- 1 boks (6 oz) tomatpuré

- 3 ss vann

- 3 mellomstore hvitløksfedd, hakket

- 2 ts tørkede oreganoblader, hakket

- 1 ts sukker eller etter smak

- varmkokt spaghetti

- 4 gram revet mozzarella

- revet parmesanost

FORBEREDELSE

1. Om ønskelig, sauter kylling i varm olje; renne av og dryss rikelig med salt og pepper. Anrett kyllingen i saktekokeren. Kombiner tomatsaus, tomatpuré, vann, hvitløk, oregano og sukker; hell over kyllingen. Dekk til og stek på LOW i 6-8 timer. Ta ut kyllingen og hold den varm. Skru varmen til høy og rør inn mozzarellaen i sausen. Kok uten lokk til osten smelter og sausen er gjennomvarmet.
2. Server kyllingen og sausen over varm, kokt spaghetti. Serveres med parmesan.
3. For 6 til 8 personer.

Enkel kylling stroganoff

INGREDIENSER

-
- 1 kopp fettfri rømme
- 1 ss Gold Metal Gold All-Purpose Mel
- 1 pose kyllingsaus (ca. 30 gram)
- 1 glass vann
- 1 pund utbenet og uten skinn, kuttet i 1 tommers biter
- 16 gram frosne California blandede grønnsaker, tint
- 1 kopp oppskåret sopp, stekt
- 1 kopp frosne erter
- 10 unse poteter, skrelt og kuttet i 1 tommers biter, ca. 2 mellomstore skrellede poteter
- 1 1/2 kopper Bisquick-kjeksblanding
- 4 vårløk, hakket (1/3 kopp)
-

1/2 kopp 1% skummet melk

FORBEREDELSE

1. I en 3,5 til 5 liters kjele, visp sammen rømme, mel, sausblanding og vann til en jevn masse. Bland kylling, grønnsaker og sopp sammen. Dekk til og la det småkoke i 4 timer eller til kyllingen er mør og sausen har tyknet. Tilsett ertene. Rør inn kokeblandingen og løk. Rør inn melk til det er fuktig. Tilsett blandingen til kylling- og grønnsaksblandingen i avrundede skjeer. Dekk til og stek over høy varme i 45-50 minutter, eller til en tannpirker som er satt inn i midten av melbollen kommer ren ut.
2. Server 4 porsjoner umiddelbart.

Lilly's Slow Cooker Kylling med ostesaus

INGREDIENSER

- 6 benfrie kyllingbrysthalvdeler uten skinn
- 2 bokser krem med kyllingsuppe
- 1 boks ostesupper
- Salt, pepper, hvitløkspulver etter smak

FORBEREDELSE

1. Dryss kyllingbrystene med hvitløkspulver, salt og pepper.
2. Legg 3 kyllingbryst i saktekokeren. Bland alle supper sammen; Hell halvparten av suppen over de første 3 kyllingbrystene.
3. Legg de resterende 3 kyllingbrystene på toppen. Hell resten av suppen over.
4. Dekk til og stek på LOW i 6-8 timer.

Meksikansk kyllingbryst

INGREDIENSER

- 2 ss vegetabilsk olje

- 3-4 benfrie, skinnfrie kyllingbryst, kuttet i 1 tommers biter

- 1/2 kopp hakket løk

- 1 grønn paprika (eller bruk rød paprika)

- 1 eller 2 små jalapenopepper, finhakket

- 3 fedd hvitløk, hakket

- 1 boks (4 unser) søt chili, hakket

- 1 boks (14 1/2 oz) meksikansk chili eller ildstekte tomater i terninger

- 1 ts tørkede oreganoblader

- 1/4 ts malt spisskummen

- revet blandet meksikansk ost

- Saus

Valgfrie konturer

- Rømme

- Guacamole

- hakket grønn løk

- tomater i terninger

- hakket salat

- skivede modne oliven
- koriander

FORBEREDELSE

1. Varm oljen i en stor stekepanne over middels høy varme. Brun kyllingbryst. Ta ut og tøm.
2. I samme panne surrer du løk, grønn pepper, hvitløk og jalapeño til den er myk.
3. Tilsett kyllingbryst- og løkblandingen i saktekokeren.
4. Tilsett chili, tomater, oregano og spisskummen i saktekokeren. Rør for å kombinere.
5. Dekk til og kok 6-8 timer på LAV (3-4 timer på HØY).
6. Server med varme meltortillas, revet ost og salsa, sammen med favorittpålegg og toppings.
7. Guacamole eller rømme er en flott topping med skivet vårløk eller tomater i terninger.

Pauls kylling med purre

INGREDIENSER

- 3-4 pund kyllingdeler, utbenet
- 4 til 6 poteter, skiver ca. 1/4 tomme tykke
- 1 pakke purresuppe
- 1 tynne skiver purre eller 4 skiver vårløk
- 1/2 til 1 kopp vann
- Paprika
- Krydder •

FORBEREDELSE

1. Plasser potetene på bunnen av saktekokeren/gryten, tilsett løk eller purre, og tilsett deretter kyllingen. (Hvis du har flere lag med kylling, krydre dem med salt og pepper. La det øverste laget være i fred.) Bland purresuppen med ca 1/2 kopp vann. hell over alt. Krydre det øverste laget av kylling. På dette tidspunktet strødde jeg også litt paprika på toppen for å gi den litt farge.

- Tilsett litt hakket hvitløk og litt frisk rosmarin til krydder, hvis du vil.

La småkoke i 6-7 timer, tilsett mer vann om nødvendig.

grillsaus

- 1 1/2 kopper ketchup

- 4 ss smør

- 1/2 kopp Jack Daniels eller annen whisky av god kvalitet

- 5 ss brunt sukker

- 3 ss melasse

- 3 ss eplecidereddik

- 2 ss Worcestershiresaus

- 1 ss soyasaus

- 4 ts dijonsennep eller gourmetsennep

- 2 ts flytende røyk

- 1 1/2 ts løkpulver

- 1 ts hvitløkspulver

- 1 ss Sriracha eller mer etter smak (ca. 1 ts kajennepepper kan erstattes)

-
1/2 ts malt svart pepper

FORBEREDELSE

1. Kle 2 forede panner med aluminiumsfolie; Spray med non-stick matlagingsspray. Forvarm ovnen til 425°.
2. Bland trommestikkene med mel, 1 ts salt og 1/2 ts pepper.
3. Legg på bakepapir og stek i 20 minutter. Snu trommelen og sett den tilbake i ovnen. Stek i ytterligere 20 minutter eller til de er gyldenbrune.

4. I mellomtiden legger du alle sausingrediensene i en middels stor kjele; Bland godt og kok opp på middels varme.
5. Reduser varmen og la det småkoke i 5 minutter.
6. Legg trommestikkene i en bolle eller slow cooker (hvis du vil holde dem varme til festen). Smak til med omtrent halvparten av barbecuesausen. Server umiddelbart med sausen eller sett saktekokeren på LAV for å holde varmen. Hvis du ikke serverer sausen umiddelbart, sett den gjenværende sausen i kjøleskap til den skal serveres.
7. Server trommestikkene varme med sausen til dipping. Ha nok lommetørklær klare.
8. Denne oppskriften gir omtrent tre dusin stykker, nok til 6-8 personer som forrett.

Sherry kylling og dumplings

INGREDIENSER

- 4 kyllingbrystsider

- 2 bokser kyllingbuljong (3 1/2 kopper)

- 1 glass vann

- 3 terninger kyllingbuljong eller tilsvarende bunn eller pellets

- 1 liten gulrot, hakket

- 1 liten stang selleri, hakket

- 1/2 kopp hakket løk

-

12 store meltortillas

FORBEREDELSE

1. Bland alle ingrediensene unntatt tortillaene i saktekokeren. Kok på lavt i 8 til 10 timer. Fjern kyllingen, fjern kjøttet fra beina og legg buljongen i en stor kjele på komfyren. Skjær kyllingen i passe store biter og ha tilbake til buljongen på komfyren. Kok sakte.
2. Halver tortillaene, kutt deretter i 1 tomme strimler. Tilsett strimlene i kokende buljong og kok på lav varme i 15–20 minutter, rør av og til. Buljongen skal tykne, men hvis den er for rennende, bland 1 ss maisenna med nok vann til å løse seg opp og rør inn i buljongen.
3. Kok i ytterligere 5-10 minutter.
4. Det serverer 4

Enkel slowcooker-kyllinggrilling

INGREDIENSER

- 3 utbenede kyllingbrysthalvdeler
- 1 1/2 kopper valgfri varm grillsaus, pluss ekstra til servering
- 1 middels løk, skivet eller hakket
- ristede smørbrød
- Coleslaw til servering

FORBEREDELSE

1. Vask kyllingbryst og tørk. Legg i slow cooker med 1 1/2 kopper barbecuesaus og løk. Rør for å dekke kyllingen. Dekk til og kok på HIGH i 3 timer.
2. Legg kyllingbrystene på en tallerken og del opp eller riv opp. Ha den strimlede kyllingen i sausen tilbake i saktekokeren. rør for å blande. Dekk til og kok i ytterligere 10 minutter.
3. Server strimlet kylling på ristede boller med coleslaw og ekstra barbecuesaus.
4. Den serverer fra 4 til 6 personer.

Slow Cooker Chicken Dijon

INGREDIENSER

-
- 1 til 2 pund kyllingbryst
- 1 boks fortykket kyllingsuppe, ufortynnet (10 1/2 unser)
- 2 ss vanlig eller fullkorns dijonsennep
- 1 ss maisstivelse
- 1/2 kopp vann
- Pepper etter smak
- 1 ts tørkede persilleflak eller 1 ss hakket fersk persille

FORBEREDELSE

1. Vask og tørk kyllingen; ha i saktekokeren. Bland suppe med sennep og maismel; Tilsett vann og bland. Rør inn persille og pepper. Hell blandingen over kyllingen. Dekk til og stek på LOW i 6-7 timer. Serveres med varm kokt ris og en side av grønnsaker.
2. Dijon kyllingoppskrift serverer 4 til 6 personer.

Slow cooker BBQ kylling

INGREDIENSER

- 3 til 4 pund kyllingbiter
- 1 stor løk, grovhakket
- 1 flaske grillsaus

FORBEREDELSE

1. Legg kyllingen i bunnen av saktekokeren eller kasserollen og tilsett løk og grillsaus. Stek på LOW i ca 6-8 timer eller til kyllingen er mør, men ikke faller fra hverandre.
2. Den serverer fra 4 til 6 personer.

Grillede kyllinglår i saktekokeren

INGREDIENSER

- 1/2 kopp mel

- 1/2 ts hvitløkspulver

- 1 ts tørr sennep

- 1 teskje salt

- 1/4 ts pepper

- 8 kyllinglår

- 2 ss vegetabilsk olje

- 1 kopp tykk grillsaus

FORBEREDELSE

1. Ha mel, hvitløkspulver, sennep, salt og pepper i en matpose. Tilsett kyllingen gradvis og bland til den er godt dekket. Varm oljen i en stor panne; Tilsett kyllingen og stek på alle sider. Ha halvparten av grillsausen i en bolle. Tilsett kyllingen og tilsett deretter resten av sausen. La det småkoke i 6-7 timer eller til kyllingen er mør og saften blir klar.
2. Den serverer fra 4 til 6 personer.

Slow Cooker Kyllingpølse Pasta Saus

INGREDIENSER

- 1 ss olivenolje

- 4 fedd hvitløk, knust

- 1/2 kopp hakket løk

- 1 rød paprika, hakket

- 1 grønn paprika, hakket

- 1 liten zucchini, hakket

- 1 boks (4 oz) sopp

- 1 boks italiensk-krydrede dampede tomater

- 1 boks (6 oz) tomatpuré

- 3 søte italienske pølser

- 4 utbenede kyllingbrysthalver, kuttet i strimler

- 1 teskje italiensk krydder •

- Røde chiliflak, etter smak, valgfritt

FORBEREDELSE

1. Varm olje i en panne. Stek løk og hvitløk til de er gyldenbrune. Fjerne.
2. legg til pølse; brun på alle sider. Tilsett kyllingen og stek til den er gyldenbrun. Tøm overflødig fett. Skjær pølsene i 2,5 cm store biter. Bland alle de resterende ingrediensene med løk og hvitløk i en saktekoker. Tilsett pølse og pynt med kyllingstrimler. Dekk til og stek på LOW til kyllingen er mør, men ikke tørr, 4-6 timer.

3. Server denne deilige sausen med varm kokt pasta.
4. Det serverer 4

Slow Cooker Kylling Curry

INGREDIENSER

- 2 hele kyllingbryst, utbenet og i terninger
- 1 boks kyllingsuppe
- 1/4 kopp tørr sherry
- 2 TBSP. smør eller margarin
- 2 vårløk med tips, finhakket
- 1/4 ts. karri pulver
- 1 teskje. Salt
- En klype pepper
-

varm kokt ris

FORBEREDELSE

1. Legg kyllingen i gryta. Tilsett alle andre ingredienser unntatt risen. Dekk til og stek på LAV i 4-6 timer eller på HØY i 2-3 timer. Server over varm ris.

Kyllingkarri med saktekokt ris

INGREDIENSER

- 4 benfrie, skinnfrie kyllingbryst, kuttet i strimler eller 1 tommers biter
- 2 store løk, delt i kvarte og i tynne skiver
- 3 fedd hvitløk, hakket
- 1 ss soyasaus eller tamari
- 1 ts Madras karripulver
- 2 ts chilipulver
- 1 teskje gurkemeie
- 1 ts malt ingefær
- 1/3 kopp kyllingbuljong eller vann
- Salt og nykvernet sort pepper etter smak
-

varm kokt ris

FORBEREDELSE

1. Kombiner alle ingrediensene unntatt risen i en saktekoker eller kasserolle/skål.
2. Dekk til og la det småkoke til kyllingen er mør, 6 til 8 timer.
3. Smak til og tilsett salt og pepper om nødvendig.
4. Server over ris eller pasta

Slow cooker kylling enchiladas
INGREDIENSER

-
- 3 kopper kokt kylling i terninger
- 3 kopper revet meksikansk blandet ost med paprika, delt
- 1 boks (4,5 oz) hakket grønn chili
- 1/4 kopp hakket fersk koriander
- 1 1/2 kopper rømme, delt
- 8 meltortillas (8 tommer)
- 1 kopp tomatsaus
- Foreslått pålegg: tomater i terninger, vårløk i skiver, modne oliven, jalapenoringer, hakket fersk koriander

FORBEREDELSE

1. Smør lett innsiden av en 4-6 liter sakte komfyr.
2. I en bolle, kombiner kylling i terninger med 2 kopper revet ost, hakket grønn chili, 1/4 kopp hakket koriander og 1/2 kopp rømme; rør for å kombinere ingrediensene.
3. Hell litt av kyllingblandingen i midten av tortillaene og del blandingen jevnt mellom alle åtte tortillaene. Rull dem sammen og legg med sømsiden ned i den forberedte saktekokeren.
4. Stable tortillaene om nødvendig.
5. Bland dressingen med den resterende 1 koppen rømme i en liten bolle. Hell blandingen over tortillaene.
6. Dekk til og stek på LOW i 4 timer. Dryss den resterende revne osten over tortillaene. Sett på lokket og stek på LAVT i ytterligere 20-30 minutter.
7. Den serverer fra 4 til 6 personer.

Slow cooker kyllinggryte med grønnsaker

INGREDIENSER

- 4 til 6 benfrie, skinnfrie kyllingbryst
- Salt og pepper etter smak
- 2 ss smør
- 2 fedd hvitløk, hakket
- 3 ss universalmel
- 2 kopper lavnatrium kyllingbuljong
- 1 ts tørkede timianblader
- 1/2 ts tørkede estragonblader
- 3-4 gulrøtter, kuttet i 5 cm biter
- 2 løk, halvert, tykke skiver
- 2 store purre, kun hvit del, vasket og hakket
- 1 laurbærblad
- 1/2 kopp halv eller lett krem
-

1 1/2 kopper frosne erter, tint

FORBEREDELSE

1. Vask kyllingbryst og tørk. Legg til side. Surr finhakket hvitløk i smør i et minutt, tilsett deretter mel og stek til den er jevn. Hell i buljongen (du kan bruke 1/4 kopp tørr hvitvin eller sherry i stedet for en del av buljongen), timian og estragon og bland til det er tykt. Legg løk, gulrøtter, kylling og deretter purre til crock pot; Hell sausen over alt. Tilsett laurbærbladet. Dekk til og stek på LAV i 6-7 timer eller på HØY i 3-5 timer.
2. Hvis koken er lav, skru den opp til høy, rør inn ertene, halvparten om gangen, og la den tine. Dekk til og stek på høy i ytterligere 15 minutter til ertene er gjennomvarme. Smak til og juster krydder. Fjern laurbærbladet før servering.
3. Den serverer fra 4 til 6 personer.

Slow cooker kylling i en smakfull saus

INGREDIENSER

- 1/2 sek tomatjuice
- 1/2 sek soyasaus
- 1/2 sek brunt sukker
- 1/4 sek kyllingsuppe
- 3 fedd hvitløk, hakket
- 3 til 4 pund skinnfrie kyllingstykker

FORBEREDELSE

1. Bland alle ingrediensene unntatt kylling i en dyp bolle. Dypp hvert kyllingstykke i sausen. Sett i saktekokeren. Hell resten av sausen over. Stek på lav varme i 6-8 timer eller på høy varme i 3-4 timer.
2. 6 porsjoner.

Slow Cooker Kylling Madras med karripulver

INGREDIENSER

- 3 løk i tynne skiver
- 4 epler, skrelt, kjernehuset og i tynne skiver
- 1 teskje salt
- 1 eller 2 ts karripulver eller etter smak
- 1 stekt kylling, kuttet i biter
- Paprika

FORBEREDELSE

1. Bland løk og epler i en bolle; Dryss over salt og karripulver. Bland godt. Legg kyllingskinnet på løkblandingen. Dryss rikelig med paprika.
2. Dekk til og kok på lav til kyllingen er mør, 6-8 timer.
3. Smak til og tilsett andre tilsetningsstoffer etter behov.
4. Det serverer 4

Slow cooker kylling med sopp

INGREDIENSER

- 6 benfrie kyllingbrysthalvdeler uten skinn
- 1 1/4 ts salt
- 1/4 ts pepper
- 1/4 ts paprika
- 1 3/4 ts kyllingbuljong, smaksatt i pellets eller kyllingbasert
- 1 1/2 kopper oppskåret fersk sopp
- 1/2 kopp løkløk i skiver med grønt
- 1/2 glass tørr hvitvin
- 1/2 kopp kondensert melk
- 5 teskjeer maisstivelse
- nyhakket persille

FORBEREDELSE

1. Vask kyllingen og tørk. Bland salt, pepper og paprika i en bolle. Gni blandingen på alle sider av kyllingen. Varm vekselvis kyllingen, buljonggranulat eller buljong, sopp og løk i en saktekoker. Hell i vinen sakte. Ikke bland ingrediensene. Dekk til og stek på høy i 2 1/2 til 3 timer eller på lav i 5 til 6 timer, eller til kyllingen er mør, men ikke faller fra hverandre.
2. Bruk en hullsleiv til å overføre kyllingen og grønnsakene til en serveringsfat eller bolle. Dekk til med folie og hold kyllingen varm. Kombiner kondensert melk og maisenna i

en liten kjele og rør til det er jevnt. Tilsett gradvis 2 kopper av kokevæsken. Kok opp på middels varme mens du rører; Fortsett å koke 1 minutt eller til den er tykkere. Hell litt av sausen over kyllingen og pynt med persille om ønskelig. Server med varm ris eller nudler, hvis du vil.

Cordon Bleu. langsom matlaging

INGREDIENSER

- 6 benfrie, skinnfrie kyllingbrysthalver – pund for å flate litt ut
- 6 tynne skiver skinke
- 6 tynne skiver sveitserost
- 1/4 til 1/2 kopp mel til børsting
- 1/2 pund oppskåret sopp
- 1/2 kopp kyllingbuljong
- 1/2 kopp tørr hvitvin (eller bruk kyllingbuljong)
- 1/2 ts hakket rosmarin
- 1/4 kopp revet parmesanost
- Bland 2 ts maisstivelse med 1 ss kaldt vann
- Salt og pepper etter smak

FORBEREDELSE

1. Legg en skive skinke og ost på hvert flatt kyllingbryst og rull sammen. Fest med tannpirkere og rull hver i mel. Tilsett soppen i saktekokeren, deretter kyllingbrystene. Visp sammen buljong, vin (hvis du bruker) og rosmarin; hell over kyllingen. Dryss over parmesan. Dekk til og kok på lav varme i 6-7 timer. Fjern kyllingen rett før servering; holde varm.
2. Tilsett maisstivelsesblandingen til saften i saktekokeren. rør til det tykner. Smak til med salt og pepper, smak og smak til. Hell sausen over kyllingrullene og server.

3. Den serverer 6

Dijon-kylling i saktekokeren

INGREDIENSER

-
  4 utbenede kyllingbrysthalvdeler

-
  1 ss honning dijonsennep

- Salt og grovkvernet sort pepper eller allehånde

- 2 pakker (8 unser hver) babyspinat eller 1 pund ferske spinatblader, vasket og tørket

- 2 ss smør, kuttet i små biter

- Hakket fersk koriander eller persille, valgfritt

-
  brente, skivede mandler, valgfritt •

FORBEREDELSE

1. Smør en langsom komfyr eller spray med nonstick-spray.
2. Vask kyllingbryst og tørk.
3. Kyllingen gnis med honningsennep; Dryss over salt og pepper.
4. Anrett kyllingbrystene i slow cooker-gryten. Pynt med spinat.
5. Hvis saktekokeren din er for liten for all spinaten, damp kort og tilsett de vridde spinatbladene.
6. Bland spinaten med smøret og smak til med salt og pepper.
7.
8. Før servering, pynt med koriander eller persille, eller dryss over ristede mandler, hvis du vil.
9. Dekk til og stek på LOW i 5-6 timer.

- For å riste mandlene, legg dem i en tørr panne på middels varme. Kok under konstant omrøring til den er lett gylden og velduftende.

Slow Cooker sitronkylling

INGREDIENSER

- 1 roastbiff, strimlet, eller omtrent 3 1/2 pund kyllingbiter

- 1 ts knuste tørkede oreganoblader

- 2 fedd hvitløk, hakket

- 2 ss smør

- 1/4 kopp tørr vin, sherry, kyllingkraft eller vann

- 3 ss sitronsaft

- Salt og pepper

FORBEREDELSE

1. Krydre kyllingbitene med salt og pepper. Strø halvparten av hvitløken og oreganoen over kyllingen.
2. Smelt smøret i en panne på middels varme og stek kyllingen på alle sider.
3. Overfør kyllingen til gryten. Dryss over resterende oregano og hvitløk. Tilsett vin eller sherry i pannen og rør for å løsne de brune bitene. hell i saktekokeren.
4. Dekk til og stek på LAV temperatur (200°) i 7-8 timer. Tilsett sitronsaft den siste timen.
5. Skum fettet fra pannesaften og ha over i en serveringsbolle. Tykk juice etter ønske.
6. Server kylling med juice.
7. Det serverer 4

Saktekokt pulled chicken

INGREDIENSER

- 1 ss smør

- 1 kopp hakket løk

- 1/2 ts finhakket hvitløk

- 1 1/2 kopper ketchup

- 1/2 kopp aprikossyltetøy eller ferskensyltetøy

- 3 ss eplecidereddik

- 2 ss Worcestershiresaus

- 2 ts flytende røyk

- 2 ss melasse

- en klype allehånde

- 1/4 ts nykvernet sort pepper

- 1/8 til 1/4 teskje malt kajennepepper

- 1 pund utbenet kyllingbryst

- 1 pund utbenet kyllinglår

FORBEREDELSE

1. I en middels stor kjele smelter du smøret over middels høy varme. Når smøret bobler, tilsett hakket løk og rør til løken er myk og lett gyllen. Tilsett den hakkede hvitløken og stek under omrøring ca 1 minutt lenger. Tilsett ketchup, aprikossyltetøy, eddik, Worcestershiresaus, flytende røyk, melasse, allehånde, sort pepper og cayenne. La småkoke i 5 minutter.
2. Hell 1 1/2 kopper saus i slow cooker-innsatsen.
3. Reserver sausrester; Overfør til en beholder og avkjøl til den skal serveres. Legg kyllingbitene i saktekokeren. Dekk til og stek på lavt nivå i 4 1/2-5 timer, eller til kyllingen er veldig mør og lett å trekke fra hverandre. Riv kyllingbitene med en gaffel.
4. Server på ristede smørbrød med coleslaw og ekstra barbecuesaus.
5. Potetsalat eller bakte poteter kan også stå på menyen, sammen med bakte bønner, sylteagurk og skivede tomater. Jeg liker coleslaw og pickles på grillen min, men andre pålegg kan inkludere jalapenoringer, tynne skiver rødløk, ren strimlet kål og tomater eller pickles i terninger.
6. Den serverer 8

Røkt pølse og kål

INGREDIENSER

- 1 liten kål, grovhakket

- 1 stor løk, grovhakket

- 1 1/2 til 2 pund polsk eller røkt kielbasa-pølse, kuttet i 1 til 2 tommers biter

- 1 glass eplejuice

- 1 ss dijonsennep

- 1 spiseskje eplecidereddik

- 1 eller 2 ss brunt sukker

- 1 ts spisskummen, valgfritt

- Pepper etter smak

FORBEREDELSE

1. Plasser kål, løk og pølse i en 5 eller 6 liters saktekoker (for en 3 1/2 liters kjele, bruk mindre kål eller chard, kok i ca. 10 minutter, tøm deretter av og tilsett). Visp sammen juice, sennep, eddik, brunt sukker og spisskummen (hvis du bruker); Hell ingrediensene i saktekokeren. Dryss over pepper etter smak. Dekk til og kok på lav varme i 8-10 timer. Server med pommes frites og en grønn salat om ønskelig.

Spansk kylling med ris

INGREDIENSER

- 4 kyllingbrysthalvdeler uten skinn
- 1/4 ts salt
- 1/4 ts pepper
- 1/4 ts paprika
- 1 spiseskje vegetabilsk olje
- 1 middels løk, hakket
- 1 liten rød paprika, hakket (eller hakket stekt rød paprika)
- 3 fedd hvitløk, hakket
- 1/2 ts tørket rosmarin
- 1 boks (14 1/2 oz) hakkede tomater
- 1 pakke (10 gram) frosne erter

FORBEREDELSE

1. Krydre kyllingen med salt, pepper og paprika. Varm oljen i en panne på middels høy varme og stek kyllingen på alle sider. Overfør kyllingen til saktekokeren.
2. Bland de resterende ingrediensene unntatt de frosne ertene i en liten bolle. Hell over kyllingen. Dekk til og stek i 7-9 timer på lav eller 3-4 timer på høy. En time før servering skyller du ertene i et dørslag under varmt vann for å tine dem, og tilsett dem deretter i kjelen. Server denne kyllingretten over varm kokt ris.

Tami grillede kyllinglår

INGREDIENSER

- 6 til 8 frosne kyllinglår •

- 1 flaske tykk grillsaus

FORBEREDELSE

1. Legg de frosne kyllinglårene i saktekokeren. Drypp over grillsaus. Dekk til og kok på HIGH i 6-8 timer.
2. • Merk: Hvis du starter med tinte kyllinglår, kan du fjerne skinnet eller braisere først for å redusere fettinnholdet og deretter steke på LAVT i 6-8 timer.

Tamis Crockpot kyllingmozzarella

INGREDIENSER

- 4 kyllinglårkvarterer
- 2 ss hvitløk og pepperkrydder
- 1 boks squash med tomatsaus
- 4 gram revet mozzarella

FORBEREDELSE

1. Legg kyllingen i saktekokeren og dryss over sausen. Zucchini med tomatsaus helles over kyllingen. Dekk til og stek på LOW i 6-8 timer. Dryss over ost og kok til osten smelter, ca 30 minutter.

Hvit kylling chili

INGREDIENSER

- 4 benfrie, skinnfrie kyllingbrysthalver, kuttet i 1/2-tommers biter
- 1/2 kopp hakket selleri
- 1/2 kopp hakket løk
- 2 bokser (14,5 gram hver) dampede tomater i terninger
- 16 gram. medisinsk Salsa eller varm saus
- 1 boks kikerter eller kidneybønner, avrent
- 6 til 8 unser. oppskåret sopp
- Oliven olje

FORBEREDELSE

1. Stek kyllingen i 1 ss olivenolje. Hakk selleri, løk og sopp. Bland alle ingrediensene i en stor saktekoker; rør og la det småkoke i 6-8 timer. Server med toast eller taco. • Hvis du liker varm saus, bruk varm saus eller varm saus.

Slow Cooker kylling og svarte bønner

INGREDIENSER

- 3-4 utbenede kyllingbryst, kuttet i strimler
- 1 boks (12 til 15 gram) mais, drenert
- 1 boks (15 oz) svarte bønner, skyllet og drenert
- 2 ts malt spisskummen
- 2 ts chilipulver
- 1 løk, halvert og i tynne skiver
- 1 grønn paprika, kuttet i strimler
- 1 boks (14,5 oz) tomater i terninger
- 1 boks (6 oz) tomatpuré

FORBEREDELSE

1. Bland alle ingrediensene i saktekokeren. Dekk til og kok på lav varme i 5-6 timer.
2. Pynt med revet ost om du vil. Server kyllingfiestaen og de sorte bønner med varme meltortillas eller over ris.
3. Det serverer 4

Kylling og krydder, Slow Cooker

INGREDIENSER

- 1 pose smaksatt fyllblanding, 14 til 16 gram
- 3-4 kopper tilberedt kylling i terninger
- 3 bokser kyllingsuppe
- 1/2 kopp melk
- 1 eller 2 kopper mild, revet cheddarost

FORBEREDELSE

1. Forbered fyllet i henhold til pakkens anvisninger og legg i en 5 liters kjele. Rør inn 2 bokser med krem av kyllingsuppe. Bland kylling i terninger, 1 boks kyllingkrem og melk i en bolle. Fordel fyllet i saktekokeren. Dryss ost på toppen. Dekk til og kok over lav varme i 4-6 timer eller høy varme i 2-3 timer.
2. For 6 til 8 personer.

Kylling og sopp, saktekoker

INGREDIENSER

- 6 benfrie kyllingbrysthalvdeler uten skinn
- 1 1/4 ts. Salt
- 1/4 ts. pepper
- 1/4 ts. paprika
- 2 ts kyllingbuljonggranulat
- 1 1/2 kopper oppskåret sopp
- 1/2 kopp hakket vårløk
- 1/2 glass tørr hvitvin
- 2/3 kopp kondensert melk
- 5 ts. maisstivelse
- Nyhakket persille
-

varm kokt ris

FORBEREDELSE

1. Bland salt, pepper og paprika i en liten bolle. Gni hele blandingen inn i kyllingen.
2. Kok alt av kylling, buljongpellets, sopp og løk i saktekokeren. Hell vinen over. IKKE HYGGELIG.
3. Dekk til og stek på HØY i 2 1/2-3 timer eller på LAV i 5-6 timer, eller til kyllingen er mør, men ikke faller av beinet. Smør om mulig et smør halvveis gjennom kokingen.

4. Bruk en hullsleiv til å overføre kyllingen og grønnsakene til en tallerken.
5. Dekk til med matfilm og hold varm.
6. I en liten kjele, visp sammen kondensert melk og maisenna til en jevn masse. Tilsett gradvis 2 kopper av kokevæsken. Kok opp over middels høy varme under omrøring og la det småkoke til det tykner, 1 til 2 minutter.
7. Hell litt av sausen over kyllingen og pynt med hakket persille. Resten av sausen serveres separat.
8. Server med varm kokt ris.

Kylling og ris parmesan, saktekoker

INGREDIENSER

- 1 pose blandet løksuppe
- 1 boks (10 3/4 unser) fortykket krem med soppsuppe med redusert fett
- 1 boks (10 3/4 oz) kondensert kyllingsuppe med lite fett
- 1 1/2 kopper lav-fett eller fettfri melk
- 1 glass tørr hvitvin
- 1 kopp hvit ris
- 6 benfrie kyllingbrysthalvdeler uten skinn
- 2 ss smør
- 2/3 kopp revet parmesanost

FORBEREDELSE

1. Bland sammen løksuppe, velouté, melk, vin og ris. Leirspraygryte med f.eks. Legg kyllingbrystene i en bolle, pynt med 1 ts smør, hell over suppeblandingen og strø over parmesan. Kok 8 til 10 timer på lav eller 4 til 6 timer på høy. Den serverer 6

kylling og reker

INGREDIENSER

- 2 pund beinfri, skinnfri kyllinglår og -bryst, kuttet i biter
- 2 ss ekstra virgin olivenolje
- 1 kopp hakket løk
- 2 fedd hvitløk, hakket
- 1/4 kopp persille, hakket
- 1/2 glass hvitvin
- 1 stor (15 oz.) boks tomatsaus
- 1 ts tørkede basilikumblader
- 1 pund rå, skrellede og deveierte reker
- Salt og nykvernet sort pepper etter smak
- 1 pund fettuccine, linguine eller spaghetti

FORBEREDELSE

1. Varm opp olivenolje i en stor stekepanne eller non-stick-gryte over middels høy varme. Tilsett kyllingbitene og stek til de er lett brune. Fjern kyllingen fra saktekokeren.
2. Tilsett litt olje i pannen og fres løk, hvitløk og persille i ca 1 minutt. Ta av varmen og rør inn vin, tomatsaus og tørket basilikum. Hell blandingen over kyllingen i saktekokeren.
3. Dekk til og kok på LOW i 4 til 5 timer.
4. Rør inn rekene, dekk til og stek på LOW i ca 1 time til.
5. Smak til med salt og nykvernet sort pepper.

6. Rett før koking koker du pastaen i saltet vann som anvist på pakken.

Kylling og farseoppskrift

INGREDIENSER

- 4 utbenede kyllingbrysthalvdeler uten skinn

- 4 skiver sveitserost

- 1 boks (10 1/2 oz) krem med kyllingsuppe

- 1 boks (10 1/2 oz) kondensert krem med soppsuppe

- 1 kopp kyllingbuljong

- 1/4 kopp melk

- 2 til 3 kopper Pepperidge Farm grønnsaksfarseblanding eller hjemmelaget farseblanding

- 1/2 kopp smeltet smør • Se Sandys notater

- Salt og pepper etter smak

FORBEREDELSE

1. Krydre kyllingbrystene med salt og pepper; Legg kyllingbrystene i saktekokeren.

2. Hell kyllingbuljongen over kyllingbrystene.

3. Legg en skive sveitserost på hvert bryst.

4. Kombiner de to boksene med suppe og melk. Dekk kyllingbrystene med suppeblandingen.

5. Dryss alt med fyllet. Fordel det smeltede smøret over det.

6. Kok på svak varme i 6-8 timer.

Kyllingbryst i kreolsk-kreolsaus

INGREDIENSER

- 1 haug vårløk (6 til 8, med mesteparten av den grønne delen)
- 2 skiver bacon
- 1 ts kreolsk eller cajunkrydder
- 3 ss smør
- 4 ss mel
- 3/4 kopp kyllingbuljong
- 1 eller 2 ss tomatpuré
- 4 utbenede kyllingbrysthalvdeler
- 1/4 til 1/2 kopp halvparten eller melk

FORBEREDELSE

1. Smelt smøret i en kjele på middels lav varme. Tilsett løk og bacon, fres og rør i 2 minutter. Tilsett melet, rør og kok i

ytterligere 2 minutter. tilsett kyllingbuljong; kok til den er tykkere, og tilsett deretter tomatpuré. Legg kyllingbrystene i saktekokeren/gryten. Tilsett sausblanding. Dekk til og kok på lav varme i 6-7 timer, rør etter 3 timer. Hell i melken i ca 20-30 minutter før du fortsetter. Server over pasta eller ris.
2. Det serverer 4

Chili kylling med hominy

INGREDIENSER

- 2 pund beinfrie, skinnfrie kyllingbryst, kuttet i 1-1 1/2 tommers biter
- 1 middels løk, hakket
- 3 fedd hvitløk, i tynne skiver
- 1 boks (15 oz) White Hominy, drenert
- 1 boks (14 oz.) tomater i terninger, udrenerte
- 1 boks (28 oz) tomater, drenert og hakket
- 1 boks (4 oz) mild grønn chili

FORBEREDELSE

1. Bland alle ingrediensene i saktekokeren; rør for å blande alle ingrediensene. Dekk til og stek på lav varme i 7-9 timer eller på høy varme i 4-4,5 timer.
2. Den serverer fra 4 til 6 personer.

kylling glede

INGREDIENSER

- 6 til 8 benfrie, skinnfrie kyllingbryst
- Sitronsaft
- Salt og pepper etter smak
- Sellerisalt eller smaksatt salt etter smak
- Paprika etter smak
- 1 boks sellerikrem
- 1 boks soppsuppe
- 1/3 kopp tørr hvitvin
- revet parmesan etter smak
- kokt ris

FORBEREDELSE

1. Skyll kyllingen; tørt Smak til med sitronsaft, salt, pepper, sellerisalt og paprika. Legg kyllingen i saktekokeren. Kombiner supper og vin i en middels bolle. Hell over kyllingbrystene. Dryss over parmesan. Dekk til og kok på lav varme i 6-8 timer. Server kyllingen med sausen over varm kokt ris og dryss over parmesanost.
2. Den serverer fra 4 til 6 personer.

Slow cooker kylling enchiladas

INGREDIENSER

- 1 pakke. Kyllingbryst (1-1 1/2 pund)
- 1 krukke med kyllingsaus
- 1 120g boks med hakket grønn chili
- 1 løk, hakket
- Maistortillas
- revet ost

FORBEREDELSE

1. Kombiner kylling, saus, grønn chili og hakket løk i saktekokeren. Dekk til og kok på LOW i 5 til 6 timer. Fjern kyllingen fra sausen og riv den i strimler. Fyll maistortillas med kylling og salsa. Dryss over revet ost og rull sammen. Ha i en panne. Hell over overflødig saus og strø over revet ost. Stek på 350 grader i ca 15-20 minutter.
2. Den serverer fra 4 til 6 personer.

Kylling Vegas

INGREDIENSER

- 6 benfrie kyllingbrysthalvdeler uten skinn
- 1 boks soppsuppe
- 1/2 halvliter. rømme
- 1 (6 oz.) krukke tørket og kjøttdeig

FORBEREDELSE

1. Bland suppen, rømme og tørket kjøtt. Kast kyllingen i blandingen og belegg godt; plassert i en beholder. Hell resten av blandingen over kyllingen. Dekk til og kok på lav til kyllingen er mør, men ikke tørr, 5-7 timer. Server med varm ris eller nudler.
2. Den serverer 6

Parisisk kylling for saktekokeren

INGREDIENSER

- 6 til 8 kyllingbryst
- Salt, pepper og paprika
- 1/2 glass tørr hvitvin
- 1 boks (10 1/2 unser) krem med sopp
- 8 gram oppskåret sopp
- 1 glass rømme
-
1/4 kopp mel

FORBEREDELSE

1. Krydre kyllingbrystene med salt, pepper og paprika. Legg i en slow cooker. Rør inn vin, suppe og sopp til det er godt blandet. Hell over kyllingen. Dryss over paprika. Dekk til og la det småkoke til kyllingen er mør, men ikke tørr, 6-8 timer. Bland den søte fløten og melet; legge i beholderen. Kok i ca 20 minutter til til alt er gjennomvarmet.
2. Server med ris eller nudler.
3. For 6 til 8 personer.

Kylling Reuben gryte, Slow Cooker

INGREDIENSER

- 32 gram surkål (i en krukke eller pose), skylt og drenert
- 1 kopp russisk saus
- 4 til 6 benfrie, skinnfrie kyllingbryst
- 1 ss tilberedt sennep
- 1 kopp revet sveitsisk ost eller Monterey Jack ost

FORBEREDELSE

1. Fordel halvparten av surkålen på bunnen av kjelen. Drypp med 1/3 kopp dressing; Legg 2 eller 3 kyllingbryst på toppen og fordel sennepen over kyllingen. Pynt med gjenværende surkål og kyllingbryst; Hell en annen kopp saus over alt, behold den resterende koppen med saus til servering.
2. Dekk til og la det småkoke til kyllingen er gjennomstekt og mør, ca 4 timer. Dryss over sveitserost og kok til osten er smeltet.
3. Server med reservert saus.
4. Den serverer fra 4 til 6 personer.

Kylling med tyttebær

INGREDIENSER

- 6 benfrie, skinnfrie kyllingbrystfileter

- 1 liten løk, hakket

- 1 kopp friske, friske blåbær

- 1 teskje salt

- 1/4 ts malt kanel

- 1/4 ts malt ingefær

- 3 ss brunt sukker eller honning

- 1 kopp appelsinjuice

- Bland 3 ss mel med 2 ss kaldt vann

FORBEREDELSE

1. Ha alle ingrediensene unntatt mel- og vannblandingen i saktekokeren eller gryten. Dekk til og la det småkoke i 6-7 timer til kyllingen er mør. Tilsett melblandingen de siste 15-20 minuttene og kok til den tykner. Smak til og juster krydder.
2. Det serverer 4

Kylling med saus og saus, saktekoker

INGREDIENSER

- 1 pakke (6 unser) krydret fyllsmuler ("ildstedsblanding")
- 1 stor potet, kuttet i små terninger
- 1 haug vårløk, hakket
- 2 stenger selleri, hakket
- 1/2 kopp vann
- 3 ss smør, delt
- 1 ts fjærfekrydder, delt
- 1 til 1 1/2 pund kyllingfileter eller benfrie bryster
- 1 glass (12 oz) kyllingsaus, f.eks. B. Heinz Homestyle kyllingsaus

FORBEREDELSE

1. Kombiner fyllsmulene i en lett oljet eller støvet leirtøygryte med terninger av poteter, vårløk, selleri, 2 ss smeltet smør

og 1/2 kopp vann. Dryss med omtrent en halv teskje fjærfekrydder. toppfylling med kyllingbiter; Smak til med resten av smøret og fjærfekrydderet. Hell sausen over kyllingen. Dekk til og kok på lav varme i 6-7 timer.

Kylling med pasta og røkt Gouda ost

INGREDIENSER

- 1 1/2 pounds mør benfri kylling
- 2 små zucchini, halvert og skåret i 1/4-tommers skiver
- 1 pakke kyllingsausblanding (ca. 1 unse)
- 2 ss vann
- Salt og pepper etter smak
- en klype malt muskatnøtt, gjerne fersk
- 8 gram røkt Gouda ost, revet
- 2 ss kondensert melk eller flytende fløte
- 1 stor tomat, hakket
- 4 kopper kokt pasta eller pasta med små skall

FORBEREDELSE

1. Skjær kylling i 1 tommers terninger; plassert i en beholder. Tilsett zucchini, saus, vann og krydder. Dekk til og kok på lav varme i 5-6 timer. I løpet av de siste 20 minuttene eller

mens pastaen koker, tilsett røkt Gouda-ost, melk eller fløte og hakkede tomater i kasserollen. Rør inn de varme kokte nudlene.
2. Kyllingoppskrift for 4 personer.

Kylling med løk og sopp, saktekoker

INGREDIENSER

- 4 til 6 utbenede kyllingbryst, kuttet i 1 tommers biter
- 1 boks (10 3/4 oz) krem med kylling eller krem av kylling og soppsuppe
- 8 gram oppskåret sopp
- 1 pose (16 gram) frossen løkløk
- Salt og pepper etter smak
- Persille, hakket, til pynt

FORBEREDELSE

1. Vask kyllingen og tørk. Skjær i 1/2 til 1 tomme biter og legg i en stor bolle. Tilsett suppe, sopp og løk; Rør for å kombinere. Spray slow cooker-innsatsen med kokespray.
2. Hell kyllingblandingen i kjelen og dryss over salt og pepper.
3. Dekk til og stek på LOW i 6-8 timer, rør om halvveis i kokingen hvis mulig.
4. Pynt med hakket fersk persille, om ønskelig, og server over varm kokt ris eller med poteter.
5. Den serverer fra 4 til 6 personer.

Kylling med ananas

INGREDIENSER

- 1-1 1/2 pund kyllingnuggets, kuttet i 1 tommers biter

- 2/3 kopp ananassyltetøy

- 1 ss pluss 1 ts teriyakisaus

- 2 fedd hvitløk, i tynne skiver

- 1 ss tørket hakket løk (eller 1 haug frisk vårløk, hakket)

- 1 ss sitronsaft

- 1/2 ts malt ingefær

- en klype kajennepepper etter smak

- 1 pakke (10 gram) kandiserte erter, tint

FORBEREDELSE

1. Legg kyllingbitene i saktekokeren/gryten.
2. Kombiner hermetikk, teriyakisaus, hvitløk, løk, sitronsaft, ingefær og kajennepepper; Bland godt. Hell over kyllingen og vend til de er dekket.
3. Dekk til og la det småkoke i 6-7 timer. Tilsett ertene de siste 30 minuttene.
4. Det serverer 4

Country Captain Chicken

INGREDIENSER

- 2 mellomstore Granny Smith-epler, kjernet ut og i terninger (uskrellet)
- 1/4 kopp finhakket løk
- 1 liten grønn paprika, frøsådd og finhakket
- 3 fedd hvitløk, hakket
- 2 ss rosiner eller rips
- 2 eller 3 ts karripulver
- 1 ts malt ingefær
- 1/4 ts malt rød pepper eller etter smak
- 1 boks (ca. 14 1/2 gram) tomater i terninger
- 6 benfrie kyllingbrysthalvdeler uten skinn
- 1/2 kopp kyllingbuljong
- 1 kopp hvit ris omdannet til langkornet ris
- 1 pund mellomstore eller store reker, skrellet og devinert, rå, valgfritt
- 1/3 kopp skivede mandler
- kosher salt
- Hakket persille

FORBEREDELSE

1. Kombiner epler, løk, paprika, hvitløk, gyldne rosiner eller rips, karripulver, ingefær og malt rød pepper i en 4 til 6 liters saktekoker. Rør inn tomater.

2. Plasser kyllingen på toppen av tomatblandingen, dekk stykkene lett. Hell kyllingbuljongen over kyllingbrysthalvdelene. Dekk til og stek på LOW til kyllingen er veldig mør når den er gjennomhullet med en gaffel, ca. 4-6 timer.
3. Legg kyllingen på en varmeplate, dekk lett og hold den varm i en 200°F ovn eller matvarmer.
4. Rør risen inn i kokevæsken. Øk temperaturen til maksimum; dekk til og kok, rør en eller to ganger, til risen er nesten mør, ca. 35 minutter. Rør inn reker, hvis du bruker; Dekk til og stek i ytterligere 15 minutter, til midten av rekene er ugjennomsiktig. kutt ut for å sjekke.
5. I mellomtiden rister du mandlene i en liten ildfast panne på middels høy varme til de er gyldenbrune, rør av og til. Legg til side.
6. For å servere, krydre risblandingen med salt. Anrett i en varm serveringsbolle; Legg kyllingen på den. Dryss over persille og mandler.

Landkylling og sopp

INGREDIENSER

- 1 krukke med countrydressing

- 4-6 kyllingbryst

- 8 gram oppskåret sopp

- salt og pepper etter smak

FORBEREDELSE

1. Bland alle ingrediensene; dekk til og la det småkoke i 6-7 timer. Server med ris eller nudler.
2. Den serverer fra 4 til 6 personer.

P

Ollo med blåbær

INGREDIENSER

- 2 pund beinfrie, skinnfrie kyllingbryst
- 1/2 kopp hakket løk
- 2 ts vegetabilsk olje
- 2 ts salt
- 1/2 ts malt kanel
- 1/4 ts malt ingefær
- 1/8 ts malt muskatnøtt
- finmalt allehånde
- 1 glass appelsinjuice
- 2 ts finrevet appelsinskall
- 2 kopper ferske eller frosne tranebær
- 1/4 kopp brunt sukker

FORBEREDELSE

1. Stek kyllingbiter og løk i olje; dryss over salt.
2. Legg brunet kylling, løk og andre ingredienser i gryten.
3. Dekk til og stek på LOW i 5 1/2 til 7 timer.
4. Hvis ønskelig, tykk saften på slutten av tilberedningen med en blanding av ca 2 ss maisstivelse og 2 ss kaldt vann.

Kremet italiensk kylling

INGREDIENSER

- 4 utbenede kyllingbrysthalvdeler uten skinn
- 1 pose italiensk salatdressing
- 1/3 kopp vann
- 1 pakke (8 gram) kremost, myknet
- 1 boks (10 3/4 oz) fortykket kyllingsuppe, ufortynnet
- 1 boks (4 oz) stilker og soppbiter, drenert
- Varm kokt ris eller pasta

FORBEREDELSE

1. Legg kyllingbrysthalvdelene i saktekokeren. Bland sammen salatdressingen og vann; hell over kyllingen. Dekk til og stek på LOW i 3 timer. I en liten bolle, rør sammen kremost og suppe til det er godt kombinert. Tilsett soppen. Hell kremostblandingen over kyllingen. Kok i ytterligere 1 til 3 timer eller til kyllingsaften blir klar. Server den italienske kyllingen med ris eller varm kokt pasta.
2. Det serverer 4

kyllinglasagne

INGREDIENSER

- 2 store kyllingbrysthalvdeler, uten ben

- 2 hakkede stangselleri

- 1 liten løk, hakket eller 1 eller 2 ss tørket hakket løk

- 1/2 ts timian

- Salt og pepper etter smak

- 6 til 9 lasagne

- 1 pakke frossen spinat, tint og drenert

- 6 gram fersk, tykkkuttet sopp eller 1 boks med 4 til 8 gram

- 1 1/2 kopper strimlet cheddar og amerikansk ostblanding

- 1 boks "lett" krem med soppsuppe

- 1 boks tomater med grønn chili

- 1 pakke (1 unse) tørrblandet kyllingsaus

-

3/4 kopp reservert buljong

FORBEREDELSE

1. La kyllingbrystene småkoke med selleri, løk, timian, salt og pepper i en 2-liters kjele til de er møre, ca. 25 minutter. Ta ut kyllingen og la den avkjøles. skjær eller skjær i små biter. Reserver 3/4 kopp buljong. Kast den gjenværende buljongen eller frys den for å bruke i en annen oppskrift. Halver lasagnen; Kok til den er litt smidig, ca 5-8 minutter. Tøm og skyll med kaldt vann for enklere håndtering.

2. Kombiner suppen, tomatene, sausen og reservert buljong i en middels bolle. Hell 3/4 kopp suppeblanding i en 3 1/2 til 4 liter sakte komfyr/gryte. Legg 4 til 6 lasagnehalvdeler på toppen av suppeblandingen. Tilsett 1/3 spinat, 1/3 kylling, 1/3 sopp og 1/2 kopp revet ost. Hell en annen 3/4 kopp suppeblanding over alt. Gjenta lagene to ganger til, og avslutt med den gjenværende suppeblandingen. Dekk til og la det småkoke i 4 til 5 timer. Koker du nudlene for lenge, kan de bli myke. Sjekk derfor dette etter cirka fire og en halv time.
3. Det serverer 4

Crockpot Kylling Reuben gryte

INGREDIENSER

- 2 poser (16 unser hver) surkål, skylt og drenert
- 1 kopp lett eller lavkalori russisk salatdressing, delt
- 6 benfrie kyllingbrysthalvdeler uten skinn
- 1 ss tilberedt sennep
- 4 til 6 skiver sveitserost
- fersk persille, til pynt, valgfritt

FORBEREDELSE

1. Ha halvparten av surkålen i en 3,5 liters elektrisk saktekoker. Drypp med ca 1/3 kopp dressing. Topp med 3 kyllingbrysthalvdeler og fordel sennepen over kyllingen. Pynt med resterende surkål og kyllingbryst. Hell en annen kopp saus over gryten. Avkjøl resten av sausen til den skal serveres. Dekk til og la det småkoke til kyllingen er helt hvit og mør, ca 3 1/2-4 timer.
2. For å servere deler du gryten mellom 6 tallerkener. Pynt med en osteskive og drypp over noen teskjeer russisk dressing. Server umiddelbart, garnert med fersk persille om du vil.
3. Den serverer 6

Robust crockpot kylling

INGREDIENSER

- 4 til 8 benfrie, skinnfrie kyllingbryst
- 1 flaske (8 oz) Wishbone Robusto Italian Dressing
- 1 pund eggnudler i en pose
- 4 oz. rømme
- 1/2 kopp parmesan, pluss mer til servering

FORBEREDELSE

1. Legg kyllingbrystene i formen. Hell over den italienske dressingen. Dekk til og stek i 7 timer på lav eller 3 1/2 time på høy. ta kyllingen ut av kjelen; slå på varmen Tilsett halvparten av rømmen i saften og rør til den er oppløst. Varme opp.
2. Kok nudlene og la dem renne godt av. Tilsett resten av rømme og parmesan til pastaen og rør til den er oppløst. Server kyllingen over pastaen og dryss med kyllingsausen.
3. Dryss over parmesan etter smak.

Kyllinggryte med artisjokker

INGREDIENSER

- 1/2 til 2 pund beinfrie, skinnfrie kyllingbryst

- 8 gram oppskåret fersk sopp

- 1 boks (14,5 oz) tomater i terninger

- 1 pakke frosne artisjokker, 8 til 12 gram

- 1 kopp kyllingbuljong

- 1/2 kopp hakket løk

- 1 boks (3-4 unser) modne, skivede modne oliven

- 1/4 kopp tørr hvitvin eller kyllingbuljong

- 3 ss instant tapioka

- 2 ts karripulver eller etter smak

- 3/4 ts tørket timian, hakket

- 1/4 ts salt

- 1/4 ts pepper

- 4 kopper varm kokt ris

FORBEREDELSE

1. Skyll kyllingen; renne av og sett til side. I en 3 1/2 til 5 liters saktekoker kombinerer du sopp, tomater, artisjokkhjerter, kyllingbuljong, hakket løk, skivede oliven og vin. Bland sammen tapioka, karri, timian, salt og pepper. Legg kyllingen i gryta; Hell litt tomatblanding over kyllingen.
2. Dekk til og stek på LAV i 7-8 timer eller på HØY i 3 1/2-4 timer. Server med varm kokt ris.
3. Til 6-8 porsjoner.

www.ingramcontent.com/pod-product-compliance
Lightning Source LLC
Chambersburg PA
CBHW050347120526
44590CB00015B/1593